コワーキングスペース

国内外の成功事例から学ぶ
コミュニティ運営の最新手法

青木雄太

CAP エンタテインメント

サンフランシスコのSpiral Museという建物の中でBrad Neuberg氏が始めたコワーキングスペース。2024年4月現在、スペースは移動したが当時の様子が見て取れるWebページが現存している。

はじめに　～コワーキングスペースの現状～

　この本を手にとっていただきありがとうございます。面白く奥深きコワーキングスペースの世界へようこそ。

　〝コワーキング〟という働き方が始まったのは2000年代前後です。インターネットが人口に膾炙し、パーソナルコンピューターの発展と共に、「会社のオフィスにいなければ仕事ができない」という状況が徐々に変わっていきました。具体的な〝世界初〟のコワーキングスペースには諸説あります。昔からあるものでも「今思えばコワーキングスペースだったよね」というものが出てきたり、まだ市場ができあがっていない中で日の目を見ずに廃業したスペースもあったりしたそうです。しかし〝コワーキング〟という概念が生まれたのは、サンフランシスコのその名も「コワーキング」というコワーキングスペースだということが定説です。2005年に「コワーキング」を開業したブラッド・ニューバーグ氏（Brad Neuberg）は、人のコミュニティやコミュニケーションに重きを置いたスペースとして、コワーキングスペースという概念を提唱しました。彼が〝コワーキング〟という概念を提唱したブログ（※1）が公開された2005年8月9日は〝世界コワーキングデー〟として、世界中のコワーキングスペースでイベントが繰り

注（※1）　http://codinginparadise.org/weblog/2005/08/coworking-community-for-developers-who.html

左：今も新しい絵画が描かれている。
中：LGBTQを意識したBUD LIGHT(ビール)の広告。シルバーの地に"Pride"とある。
上部のサインは見えづらいがBIT COIN ATM INSIDEとある。
右：建物の壁面全体を覆うアートもここでは珍しくない。

広げられています。

私も実際に「コワーキング」が開業された建物に訪れました。なんと本当に普通の民家で、特に何かの案内があったり、当時の名残があったりするわけでもなく、ウェブページ（※2）にある当時の写真と街並みを照らし合わせてやっと伺いました。現在はただの空き家になっているようです。コワーキングがなんでもないただの民家から生まれたことが感慨深かったです。

また、このスペースがある場所はサンフランシスコの中でもミッション地区というエリアです。ラテン系アメリカ人や異国の労働者が昔から住んでおり、多様な文化とライフスタイルが混在。街の多くの建物にアートが描かれておりました。通りには

注（※2）　http://codinginparadise.org/coworking/

様々な国の料理を扱った飲食店が並び、出処がよくわからない雑貨が路上で売られています。また、サンフランシスコといえばＬＧＢＴＱを象徴する街です。シリコンバレーの企業も積極的に活動をサポートしています。こういった多様な文化を受け入れる、共生する、共に新たな未来を創造していく街から生まれた〝コワーキング〟が世界に波及していったのも納得がいくものでした。

話を戻しますと、世界初のコワーキングスペースがただ一つに定まらないこととして、コワーキングスペースがコワーキングという働き方の一つ、いわばスタイルであることが挙げられます。一つのオフィスに複数の企業が入居するシェアオフィスや通常の不動産賃貸契約に対して、利用者にとって自由な契約形態を指したフレキシブルオフィスは、名称と実態が合っているかどうか客観的に理解することができます。コワーキングは、場のシェアであるシェアオフィスに対して、利用者同士の、特に所属する組織が異なる人達の間でコミュニケーションが発生することを企図した運営スタイルに当てはめられる名称です。実態としていつでもコミュニケーションが発生しているわけではない（開設したてでまだ会員数が少ない、会員数がいてもたまたまその時間に来ている人が少ない、会員数も来ている人も多いがたまたまみんな集中タイム

注（※3） Global Coworking Growth Study 2020 Coworking Resources BY KISI 2020
https://www.coworkingresources.org/blog/key-figures-coworking-growth

など）ですが、各部屋が壁とドアで区切られ共用スペースが少ないシェアオフィスに対して、どんな人が仕事をしているかわかりやすい、オープンなスペースや、集って談笑するのに最適なキッチンを備えたコワーキングスペースは一目で運営スタイルの違いを理解できるはずです。

さて、世界初のコワーキングスペース誕生から約20年が経ちまして、現在は世界中にコワーキングスペースが広がっています。世界全体のコワーキングスペースメディア、コワーキングリソーシーズの調査（※3）によると２０２０年は１万９４２１カ所、２０２４年には約４万２０００カ所へ成長していく（２０２４年は予測値）とされています。また、商業ビルをフィールドに不動産オーナーへのコンサルティング、オフィス仲介などを展開するインスタントグループ（The Instant Group）による（※4）と、２０３０年にはオフィス全体の３割がコワーキングスペース、フレキシブルオフィス、また短期利用に適した契約形態になると見込まれています。コワーキングスペースの数ではアメリカ、インドが図抜けて多く、ヨーロッパ各国が追随する形です。特に成長が著しいのはインドです。２０２２年のＣＢＲＥインディアより発行された調査（※5）では、フレキシブルオフィスの供給可能面積が２０１８年から２０１９年で前年比

注（※4） Coworking Europe2022内のセッションより
注（※5） The Era of Flexibility in India CBRE 2022
https://www.cbre.co.in/insights/reports/cbre-the-era-of-flexibility-in-india-september-2022#:~:text=The%20need%20for%20agility%20is,is%20becoming%20ever%20more%20important.

53%増、その後2020年、2021年と14%成長を達成しました。2018年には2000万㎡でしたが2025年には8000万㎡に成長するとみています。

また、規模について見てみると、デスクマグ社のレポート(※6)では、500㎡未満のワークスペースよりも、500～1000㎡、それ以上に1000㎡以上のワークスペースのビジネス状況が好調であると回答しているデータがあります。特に500㎡未満のスペースと1000㎡以上のスペースではビジネスが好調であると答えたスペースは、前者が36%であることに対して後者は74%に上ります。席数についても同様の傾向が見られており、大規模化がビジネスとしての収益性を高めることは明らかです。

一方で日本国内の市場に目を向けると、1000㎡を超える商業的コワーキングスペースはまだまだ数が少ないのが現状です。全体の約3000件(推計/無人運営のスペースを含む)の中の1割弱程度とみています。この状況が、日本におけるコワーキングスペースがビジネスとして魅力的でないと言われる主要因と考えています。

そこで私は数年来別のプロジェクトに携わっていただいてきた仲間とともに、JC

注(※6) “2023 COWORKING SPACE BUSINESS TRENDS” deskmag ドイツ ベルリン Almstadtstr. 8 10119
https://coworkingstatistics.com/coworkingstatistics/2023-global-coworking-survey-coworking-space-business-trends

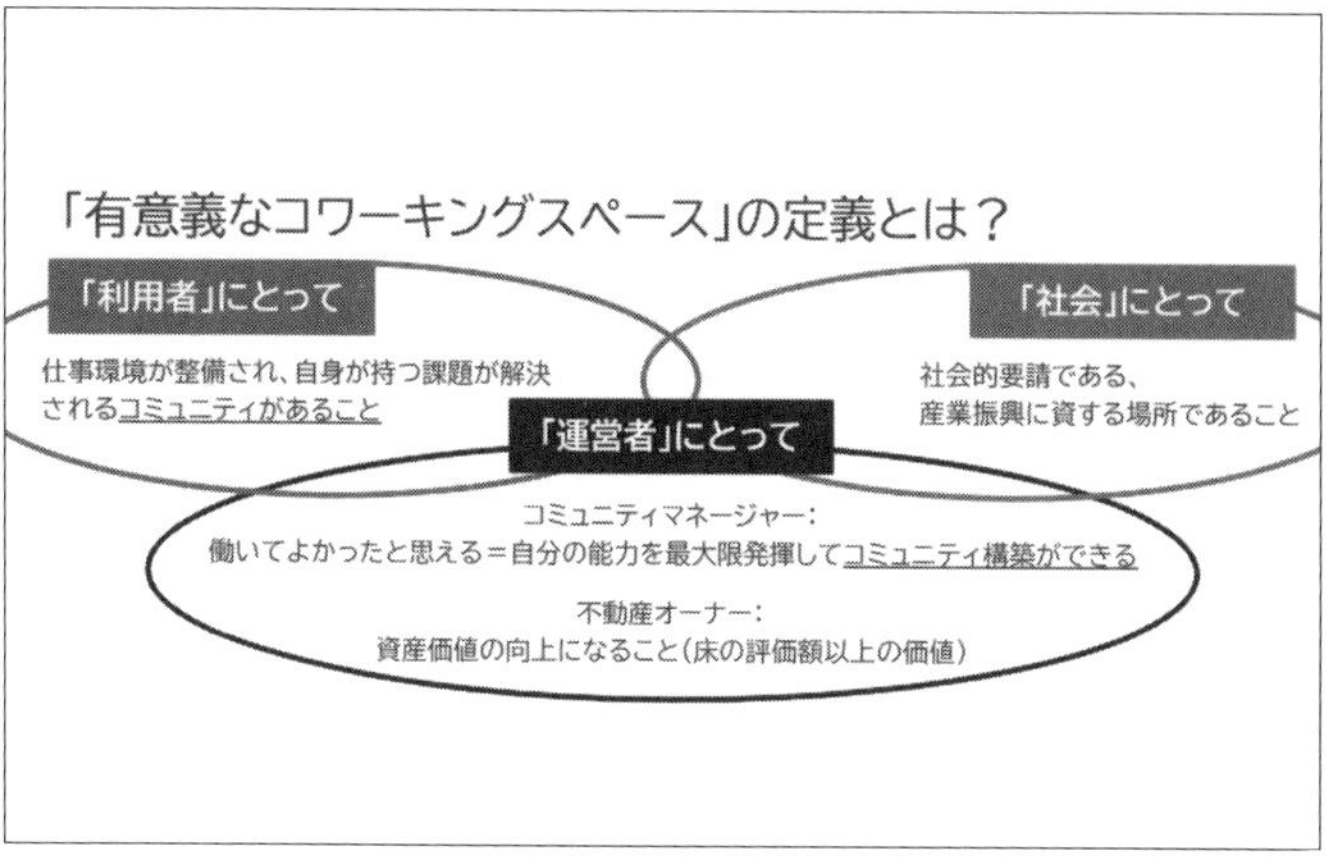
「有意義なコワーキングスペース」の定義とは？
「利用者」にとって
仕事環境が整備され、自身が持つ課題が解決されるコミュニティがあること
「社会」にとって
社会的要請である、
産業振興に資する場所であること
「運営者」にとって
コミュニティマネージャー：
働いてよかったと思える＝自分の能力を最大限発揮してコミュニティ構築ができる
不動産オーナー：
資産価値の向上になること（床の評価額以上の価値）

CO（一般社団法人日本コワーキングスペース&コミュニティマネージャー協会）を設立しました。ビジョンとして「利用者にも、運営者にも、社会のためにも、有意義なコワーキングスペースを全国に広げる」を掲げ、ミッションは

①価値あるコミュニティを実現できるコミュニティマネージャーを育成する

②コミュニティが不動産経営における確かな付加価値になるようにする

としています。〝有意義なコワーキングスペース〟というと誤解を生みやすいので補足しますと、利用者にとって、運営者にとって、社会にとって有意義である、この3者を満たすコワーキングスペースを指しております。利用者にとって、運営者にとって有意義であることは、ビジネスを行っていくうえでの必要十分条件です。一方で、社会

にとって有意義でなければならない理由はありません。コワーキングスペースをやる以前に経営者としてどのようなビジネスを行うかは自由ですし、私はそんな自由で個性的なスペースも大好きです。

ただ今回、設立したＪＣＣＯが目指すのは、利用者、運営者にとって有意義であることはもちろん、社会にとって、特に社会的要請である産業振興に資する場所であることです。後の章でも出てきますが、諸外国におけるコワーキングスペースは不動産事業者が、行政やＶＣ、アクセラレーターに頼らず、自らの手で積極的に入居企業を支援する動向がみられております。この産業振興エンジンを街のビル一つひとつに持っている国とそうでない国とでは10年後、20年後の産業競争力に大きな差が出ると考えています。各コワーキングスペースの事業が伸びながら、日本の産業も活気が出てくる。そんな世界を実現するために本社団法人を立ち上げました。

本書はコワーキングスペースを運営していく上でおさえておきたいポイントと様々なスペースの事例を紹介しながら、日本のコワーキングスペースがより収益が出せるようになることへ貢献するものです。また、コワーキングスペースにおいて最も重要でありながら、ビジネスとの接続が未だにうまくいっていない〝コミュニティ〟がなぜ必要なのかを紹介します。本書にある様々な事例や理論を元に、一緒にコワーキングスペースの未来を拓いていきましょう。

なお、本書で使う用語について最初に前置きします。「フレキシブルオフィス」という表現を使う際は契約形態に、「シェアオフィス」という表現の際はスペースを複数の会社で分割して使うことを、「コワーキングスペース」という表現では〝コミュニケーションが利用者同士で発生することを企図した運営スタイル〟を強調する際に使用します。「フレキシブルオフィス」と「シェアオフィス」、「コワーキングスペース」といった名称は、切り取り方によって一つの拠点に全てを当てはめることが可能であることを予め断っておきます。

目次

第四章　コミュニティを設計する

第五章　コミュニティを評価する

第六章　スタッフの採用・育成・マネジメント
～コミュニティ形成においてはチームで動くことが重要～

第八章 選ばれるコワーキングスペースになるために

第一章

コミュニティを活用すれば
不動産価値が上がる

① WHY Community 〜コミュニティはヒトが獲得した最強の武器〜

まずコワーキングスペースが大切にしている観念、〝コミュニティ〟とはなにか、ということから触れていきましょう。コミュニティという言葉を最初に定義したのはアメリカの社会学者であり、政治学者のマッキーヴァーです。マッキーヴァーは1917年に著書『コミュニティ』の中で人間の社会構造をアソシエーションとコミュニティとの2つの構造で捉えました。アソシエーションとは家族、国家、企業、学校等、〝メンバー間の相互作用や社会関係、および社会的目的遂行という共有された機能を持った組織〟のことを指します。一方で、コミュニティを〝地理的・文化的な地域性を結合要素とした社会集団のこと〟としています。要点はコミュニティには共有された機能・目的がない集団であるということです。昨今様々なプレイヤーが、コミュニティを作る際にコミュニティそのものの目的を設定します。しかし、本来的にはコミュニティとは共有された機能・目的がない集団である、という認識が重要です。言い換えれば個々人の目的やそれぞれの思惑、利益などが複雑に絡み合った集団だといえるでしょう。

一方で、コミュニティとアソシエーションは対立する概念というよりは、互いに包摂し合う概念です。コミュニティの中にアソシエーションがあることやアソシエーションの中にコミュニティがあることもあります。例えば、とある学校の卒業生という概念はコミュニティです。それ自体が目的や機能を持つことはありません。単に同じ学校の卒業生というラベルを共有する集合体です。その中に同窓会本部といったアソシエーションがあります。コミュニティを運営していく中心組織です。同窓会本部の役割は同窓生と学校の繋がりを育み、互いに発展させ合おうという機能を持っています。そして、参加する同窓生や在学生個々人の意志は多様です。ある人は就職を有利に進めたい、ビジネスパートナーを探したい、在学生に自身の人生を開陳し役に立ちたい、尊敬を集めたい、純粋に母校の発展を祈っている、などなど様々なモチベーションが存在します。さらに、同窓生の中でもビジネスパートナーを探したい人だけ同窓会の会合で輪を作ったりする。これもコミュニティです。そういった人の営み、集団を特定の観点・テーマで切った断面をコミュニティやアソシエーションと呼びます。

さて、マッキーヴァーがコミュニティを定義した1917年からはるか昔。人間が〝社会〟を作ってきた歴史を遡りましょう。社会学や心理学、文化人類学といった学問で提唱される〝人間ってこうだよね〟という話は往々にして動物としてのヒトの歴史の中にヒントがあります。

現生人類は約600万年前に類人猿から分化したと言われています。類人猿にも様々なコミュニティ、現生人類のコミュニティと分けて考えるのに群れと表現しましょう、群れの中で相互のやり取りをしながら種の保存を行ってきました。ここでいう種の保存というのは神的な視点ですが、個々ヒト（個々サル？）までいくと本能に従って行動しているわけです。

世界的な結婚の在り方、特に夫婦の在り方を見てみると一夫一妻制を敷いていたり、一夫多妻制であっても現実問題として多くの妻を持つことがなかったりするケースがあります。これについて、とある学説で一夫一妻制をとった方が群れのボスを巡る闘争が減る、といったものがあります。アルファオス（群れで1位のオスのこと。巷ではスクールカーストや学歴・容姿・経済力が高い人を指すような使われ方をしている）の座を巡る闘争の根本原因はアルファオスによるメスの独り占めです。自身の遺伝子を残したいオスはアルファオスの座をかけて今のアルファオスへ挑戦したり、アルファオスの目を盗んでメスと生殖行動を行ったりします（見つかればもちろんアルファオスから制裁を受ける）。また、アルファオスはシンプルに強い、という特徴以外に、ケンカの仲裁ができることや群れの安全を守ることで周囲から尊敬を集め、群れを統率するといった特徴があります。類人猿の種類によって、あるいはその種へ分化する上でのそれぞれの分化を必要と迫られた環境によって具体的なアルファオスの形式や群れの特徴は異なりますが、ヒトもこういった形質を磨いてきました。

群れの中から生まれでてきた形質をまとめるのに役立ったのが信仰です。ヒトが何百万年もの間に磨いてきた、群れを運営する上でのポイント集が〝信仰〟といえます。先述したコミュニティのメンバーの目的はそれぞれであるように、群れの中での個々体の目的や意志もバラバラでした。それを〝昔こういうけないことがあったから今やっているそれをやめなさい〟というコミュニケーションを身振り手振り、鳴き声や言葉で説明して回るのは大変なことです。伝言ゲームも膨大になります。そこで信仰が獲得され、神話が成熟していきました。例えば、ある宗教では特定の生物を〝ケガレ

（神道的理解）〟として忌避します。これはかつて疫病が広まる原因となった経験則が反映されていると考えられます。〝一夫一妻制はダメだと神は言った。破るとこんなイヤなことがある〟とされ、その神を信じることが同じ群れであることの結束を強く、大きくしてきました。鶏が先か、卵が先か、という話はさておき。これらの神話は農耕文化の発展、中でも定住の要素とともに強化がなされていきます。また、人間が安定的な社会関係を維持できる認知的な上限についてその数が150人程度という学説があります。1990年代に、人類学者ロビン・ダンバーが提唱したこの概念は〝ダンバー数〟（※7）と名付けられました。ダンバー数を超えると、規則や法が必要になります。信仰はこの規則や法の原始的な役割を担い、ダンバー数を超える社会集団を形成するに至りました。規則や法が存在し始めることで群れの時代が終わり、アソシエーションの時代が始まります。これだけ大きな群れであり、コミュニティこそがヒトが獲得した最も強い武器なのです。

② エコシステムが人類に果たしてきた役割の変遷

さて、4大文明が興ったエリアには大河があります。大河の存在は農耕に必要な水や肥沃な土壌を運び、増加する人口を支えました。異なる文化圏との交易が始まり、ときには争いや疫病がもたらされながら人類の営みは続けられてきました。都市国家同士の交流、またそれを支えた商人達。アソシ

注（※7）人間が安定的な社会関係を維持できるとされる人数の認知的な上限のこと。ある個人が各人のことを知っていて、さらに各人がお互いにどのような関係にあるのかを知っている、という状態をカウントする。大脳新皮質のサイズと相関関係があるとされ、ヒトの場合は150人であり、150人以上とは意味のある人間関係を結べない、ということを理論付けた。

エーションを越えた交易をエコシステムと呼びます。このエコシステムは特定のテーマでコミュニティやアソシエーションを区切った複合体です。このエコシステムの中で人はルールに則ったり、ポジティブにもネガティブにもルールを越えたやり取りをしたりしながら、人類そのものを発展させてきました。大航海時代によりヨーロッパの視点で見れば〝暗黒大陸〟〝新大陸〟が発見されてきました。現地民にとっても見たことのない人との出会いは同じです。移動手段や通信の発展はエコシステムを広げ、無関係でただ〝ある〟だけだった人・物・金・情報を繋いでいきました。そしてそれは大きくなりすぎたエコシステム同士で戦争の原因にもなりました。

近代ではフランス革命により国家が王のものから国民のものになったことで、戦争も王や貴族のものから主権者たる国民のものに変わっていきました。関係者が増え、大量の兵力が投入可能になったため、戦費もそれまでと比べ物にならないほどになりました。かかった戦費を賄うために敗戦国に課された多額の賠償金は新たな憎しみと戦争を生みました。その一方で、国際連合をはじめとした国際的な組織の創立にも人類は取り組みました。自身の国を起点に考えるエコシステムでは取りこぼされる国があることに気づいたのです。国際連合憲章で謳われている平和は残念ながらまだ達成されていません。そのような中で争いとどう向き合うか、どのような距離感で何を成すかは、エコシステム全体を見ながら取り組むべきことなのです。

③　現代におけるコミュニティ

話をもっとミクロに戻しましょう。2010年にNHKドキュメンタリーで〝無縁社会〟という言葉が提唱されました。家族や共同体から孤立して生きる人が増加している社会を指します。地縁・血縁の崩壊、個人情報保護がもたらしたネガティブな副作用や孤独死の増加、未婚・非婚率の向上といった事態が発生しているとするものです。これは日本に限ったものではなく、アメリカでも起こっています。1993年にハーバード大学の政治学者、ロバート・パットナムは『孤独なボウリング』と題した書籍を出版し、市民的繋がりの減少に警鐘を鳴らしています。彼は同書の中で〝社会関係資本（ソーシャル・キャピタル）〟という概念を提唱しています。社会関係資本とは人々の協調行動を活発にすることによって社会の効率性を高めることのできる、「信頼」「規範」「ネットワーク」といった社会組織の特徴のことです。信頼とは、メンバー間での相互の信頼があれば、納期・品質などについて懸念や事前調査のコストが下がる、という要素。規範とは、互報性の規範、つまり自分の活動に対して同等の報酬が直接的に、または、将来的に受け取れるルールやマナーが守られる社会であること。ネットワークとは、メンバー間でのつながり。特に直接顔を合わせた、上下関係のないネットワークが重要であること（1993年の書籍であるためインターネットが普及していない点には留意）です。

社会が便利になり、豊かな人が増えたことで、協調行動の多くが不要なものとなりました。核家族化には子供を育てる行為の外部化（幼稚園・保育園等の整備）が不可欠ですし、介護の専門家もたくさんいます。今や部屋の掃除や料理も外部化できます。それら外部化した人たちとは協調行動を取る必要は究極的にはありません。お金を対価として支払っているのでその対価に見合う限りは協調行動なしにサービスを提供してくれます。もちろん、サービスの対価として金銭を支払った上で、追加的に行われる協調行動は互いにポジティブな影響をもたらします。

従来は地域コミュニティの中で子供を見守ったり、地域の清掃活動をしたりといった協調行動が多くなされてきました。これらの活動が隣人に要らぬ警戒心を抱いたり、抱かせたりしない働きがありました。少なくとも〝あの人はちょっと合わなさそうだな〟という気持ちになれば、適切な距離を取ることができたのです。これも〝疑わなくてすむ〟という社会関係資本です。こういった社会関係資本が蓄積されにくくなっている社会が現代社会なのです。では、社会関係資本は不要なものかといえば絶対に必要なものであり、活用した方が生きていく上での様々なコストを減らすポジティブな効果があります。前述した学校の同窓生、というのは社会関係資本が強く効きます。学閥と呼ばれてやっかみの対象となることもありますが、学閥内ではコミュニケーションコストが低いことから先輩が後輩を引き上げたり、取引がスムーズに行くことが多くなったりと、重要な社会関係資本です。地縁や血縁に代表される社会関係資本のもとは現代においても重要なのです。

しかし、高度に社会的分業が進んだ現代ではこの〝コミュニティ〟を上手に活かしきれません。なぜならこれまでは1人の人間が関わるコミュニティは少数で済みました。会社と地域、それに紐づいている友人が中心のコミュニティでした。一方で、昨今は会社や地域に限らない人付き合いが発生しています。いつどのように繋がったかがわからないSNS上の友達、趣味のみで繋がっている友達など、機能的に繋がることができるために、地縁や血縁といった文脈と切り離された、新しい形のコミュニティができてきました。地縁や血縁を結合要素としないコミュニティは〝選ぶもの〟になりました。もはやマッキーヴァーが提唱した〝コミュニティ〟という言葉で表現しきれないのが現代のコミュニティです。

コミュニティが機能的になると、自分にとって近視眼的な便益をもたらさないコミュニティへは参加をしなくなります。〝道普請は誰かがやってくれる〟と思えば近所の道で草刈りをしている人を尻目に家にいたって遊びにいったっていいわけです。そこに〝自分が年を取って「最近あの人見ないね。ちょっと様子を見に家まで行ってみようか」といった見守り機能を地域に発揮してもらえる〟なんてことは思いも寄らないわけです。現代社会ではダンバー数、人間の認知機能を越えた人々と付き合っていかなくてはなりません。ますます社会関係資本は溜まりづらくなります。こうなると世代間闘争をはじめとした〝今の自分と関係ない〟人達に対して冷たい社会が出来上がっていきます。2024

年1月1日に発生した能登半島地震では、SNS上で過疎地のインフラ再構築への疑問を提示する人も出たりしました。自身の人的ネットワーク内に能登の人がいない、近年の言葉では能登に関係人口がない状態ではそのように、本人にとってのみ合理的な判断をしがちなのです。

④ 社会関係資本の蓄積に寄与するコワーキングスペース

現代において社会関係資本を蓄積するのに最も有効な場は職場です。よくサードプレイスが議論されますが、セカンドプレイスに大変革が起きています。オフィスに行かなくても働ける時代に、それでもオフィスに行く理由、集まる理由を多くの人が問い直し、新たな〝働く〟が発明されています。ここでは社内外の人との社会関係資本が蓄積されています。

インキュベーションやイノベーションを目指す団体のほとんどすべてがワークスペースを整備しています。これはなぜか、という質問に明確な回答を出せる人は、実はそう多くないのです。それはワークスペースこそが家で過ごす以外に最も人が長い時間を過ごす場所だからです。インキュベーションやイノベーションを目指す人達にとって重要なのは、セレンディピティ（思いもよらなかった偶然がもたらす幸運やその結果）の発生です。経営者の会や異業種交流会はアジェンダがはっきりしている、具体的には売りたい、買いたい、困っている、といった短期的に目的を達成したい人達の参加が適しています。一方で、インキュベーションやイノベーションといった不確実性が高いものは、短期的な目的ではなく、もっと長期的かつじっくりとした醸成が必要になります。だからこそ長い時間を過ごす前提がある、言い換えれば長く一緒に居てもおかしくない環境で、また多くの人にとって必要な職場機能が備わっているのです。

特にコワーキングスペースというコミュニティが形成されることを企図した運営スタイルは、利用者同士のビジネスマッチングが起こることがわかっています。顕在的にはビジネスマッチング、という言葉に収束してしまうのですが、潜在的には眼の前で成長していく利用者仲間の存在によって自分の事業をもっと盛り上げたいと思えたり、全く異なる業界からのヒントを得て事業を新たに展開したり、といったダイナミックな行動が日々発生しています。そしてその熱量を求めて人が集まり、また熱量がそのコワーキングスペースに居続ける理由となってコワーキングスペースが盛り上がっていくのです。不動産的には築年数や周辺の不動産市場価格を照らし合わせながら価格が決まるわけですが、良質なコミュニティはそういった既存の市場の枠にとどまらない勝負ができるようになります。

第二章

世界のコワーキングスペース

①アメリカのコワーキングスペース

世界の中で最もアイコニックな事例といえば、シリコンバレーのプラグアンドプレイ（Plug and Play 以下ＰｎＰ）でしょう。創業者サイード・アミディはペルシャ絨毯屋を営んでいました。お店の上の階をスタートアップ(※8)に貸すことにしました。ロジクール(※9)、ペイパル(※10)、グーグルが入居したことがきっかけで投資を始めました。言うまでもなくこの3社は大成功を収め、ＰｎＰ設立の起源となりました。また、全く別の流れですが、ニューヨークで始まったウィーワーク（wework）は、スタートアップが従来の伝統的な不動産契約に縛られていることへの課題感から創立されました。ニューヨークではオフィス契約は5～10年単位で縛られ、中途解約が認められていないため、転貸をすることがあります。急成長をするスタートアップ企業であれば、身軽にオフィス契約ができず自分の事業に集中できないわけです。そんな中でフレキシブルオフィスという概念が生まれました。施設利用契約を用いて、オフィスを自社のサイズに合わせて使える、フレキシブルな契約形態です。新拠点を作るにも入館カード1枚。机も椅子もあるので今日から使える、ということもスタートアップ企業には非常に便利でした。ウィーワークの企業戦略の中にはかつて、入居者がウィーワークに登録している社員数を把握することで間接的に企業状況を把握。誰よりも早く投資を実行することができる、ということが考えられていたそうです。まさに量産型ＰｎＰを目指していたといえるでしょう。その

注（※8）様々な定義があるが、本書籍では未上場企業へ出資を行い、株式資産価値の向上を通して売却益を得ることを目的とする企業を指す。

注（※9）パソコン周辺機器を扱う会社。スイスにて1981年設立。コードレスマウス、トラックボール、レーザーマウスなどを開発。日本では商標の関係でLogicoolとして知られるが本当の名前はLogitech。

戦略が構想だけで終わってしまったのか、ウィーワークのCVCは数社への投資を実行したものの今ではそのような動きは見られません。

また、アメリカのガルバナイズ(※11)というワークスペースでは施設内でエンジニアの育成を行い、入居企業へのマッチングを行っています。自身で起業し、そのまま入居するエンジニアもいるそうです。さらに、コワーキングスペースのM&Aも見られます。入居者をいっぱいにした状態で大手のコワーキングスペース事業者に売却するといった事例も発生しています。これにより大手の事業者は席を埋めていく課程をスキップし、よりリスクの低い事業を行うことができます。

②ヨーロッパのコワーキングスペース

さて、目をヨーロッパに向けますと、コミュニティを活用して大変な成功を収めております。特に2500㎡以上のビル全部をフレキシブルオフィス化し、入居企業の事業が促進されるようコミュニティマネージャーを中心とした種々の取り組みがなされています。入居者向けのネットワーキングを通したビジネスマッチングの機会提供、季節性のイベントにより入居企業が社内イベントを開催するコストを低減。また、入居者数の多さを活かして飲食業を施設内で展開したり、職住近接の観点からコリビング（経済的・機能的に一つの物件を複数人でシェアするシェアハウスに対して、入居者同士

注（※10） ECサイトやWebサービスでの支払手段として利用されているオンライン決済サービス。高いセキュリティレベルと200以上の国や地域、100以上の通過をカバーするサービス。
注（※11） Galvanize アメリカ 44 Tehama St San Francisco CA 94105
https://www.galvanize.com/coworking/#pageblock-block_

の交流を促すことを企図したスタイル）を運営したりするなど事業の多角化を行っています。また、入居企業への投資も盛んです。スタートアップ企業のゴールはエグジット（株式上場または事業売却）による売却益（キャピタルゲイン）を投資家にもたらすことですが、割合的にはリビングデッド（投資を行ったもののエグジットに到達できず、株式がお金に替えられない状態）が最も多くなります。ですが、投資した資金がオフィス賃料として返ってくると思えば投資のリスクは格段に下がります。投資後のスタートアップは人員の拡大を行うわけで、その分大きな個室やフロアを借り換えてくれることで、不動産収入としての収益化が可能になるのです。

大規模なオフィスでオフィス仲介企業が活躍します。あるウクライナのオフィス仲介会社の方は、2500㎡級のフレキシブルオフィスなら60％は開業時に埋められることが容易であると話しておりました。

ウィーンにあるTalent Garden Vienna, Raphael氏と。

また、ユニークな事例として、イタリ

ア発のタレントガーデン・ウィーン（※12）というスペースを紹介します。このスペースは地域の行政と連携して、失業者向けの職業訓練の会場を提供します。講師には入居企業が活用され、まずタレントガーデンには会場利用料、講師には講師料が入ります。そして、職業訓練を終えた生徒をネットワーキングを通じて入居企業へ紹介します。そうすると、行政は失業者の職業訓練と就職活動をいっぺんに支援できますし、入居企業・失業者双方がカジュアルな面談（採用する側としては失業者が学ぶ様子や成果物が見られ、失業者側からは企業の普段の様子が見られ安心感が持てる）がなされるがゆえにマッチングミスの防止にも役立っています。このようにヨーロッパではコワーキングスペースを活用したビジネス的成功を収める企業が増えています。

フランスではインシチュグループ（InSitu Groupe）が8拠点のフレキシブルオフィスを運営し、2022年に37億円の売上高を叩き出しました。こちらもコワーキングスペース、コリビング、飲食といった多角的な事業展開を行っています。入居企業のビジネスや入居企業の社員のウェルビーイングを追求する活動が不動産その他収入として返ってくる構造は、特筆すべきビジネスモデルです。

次に、スペインにあるアティコ（※13）というスペースをご紹介しましょう。アティコは2016年9月15日、バルセロナ中心部にある1000㎡のペントハウスからスタートしました。1年後には面積を3倍に拡大。2018年末には市内に3棟目のビルをオープンしました。2019年からはコミュニティに注力しています。人的ネットワークの提供、コラボレーションの促進、専門家やレジャー等

注（※12） Talent Garden Vieena オーストリア・ウィーン Liechtensteinstraße 111/115, 1090
https://talentgarden.org/en/coworking/austria/vienna/
注（※13） ATICCO スペイン バルセロナ C. de Pallars, 108, Sant Martí, 08018
https://aticco.com/en/

の幅広いイベント設計を行っています。2020年に新たなブランドとして起業を支援するプラットフォーム、アティコラボとコミュニティを重視したコリビング、アティコリビングを展開しています。ワーク&ライフの新たなあり方を創造し、起業家精神と人脈をサポートするエコシステム構築に取り組んでいます。アティコのユニークな点は地域の他のプレイヤーと協働していることです。広報活動を総合支援的に支援する地元協会と立ち上げた、スタートアップ支援のためのマーケティングコミュニケーションハブやフィンテックペイメンツと協働で設立したフューチャーファイナンスハブなど地域の他のプレイヤーと共に、スペース内にインキュベーション機能を持っていることが非常にユニークです。

ATICCO創業者の1人、Frantz氏と。

また、収益があがっているワークスペースの特徴として、コミュニティとホスピタリティを挙げています。収益性の高いスペースは収益性が低いワークスペースに比べて、利用者のビジネスデベロップメントやセールス(PRやマーケティングを除く)、コミュニティとホスピタリティの形成に尽力しているというデータがあります。サイズが大きなコワーキングスペースはフェイクコミュニティ(偽物のコミュニティ)と呼ばれていた時代がありましたが、もはや過去のものだといえそうです。

ここで注意しておきたいことは、大規模コワーキングスペースがコミュニティを実装したら中小のコワーキングスペースはもう終わりだ、といった単純な話にはならないことです。それぞれのスペースでは異なる雰囲気のコミュニティが展開されています。利用者は自分のスタイルに合ったコミュニティを選好するでしょう。

こういったコワーキングスペースでのチャレンジや学びをシェアする場として、ヨーロッパ各国で業界団体が作られています。また、コワーキングヨーロッパ（Coworking Europe）というカンファレンスイベントが年に一度、ヨーロッパのどこかで開催されます。ヨーロッパを中心に世界中から人が集まってきて最新の知見を学び合います。売上など生々しい話もなされるそういった環境が、コワーキングスペースそのものを盛り上げていきます。ちなみにコワーキングヨーロッパの主催者であるジーンさんは元々コワーキングスペースの利用者だったそうです。相談相手がいないコワーキングスペース運営者の悩みを解消するために、カンファレンスを２０１０年に開催したのが始まりだそうです。

■事例　フィンランド　オウル市（※14）

フィンランドの北部人口に位置する人口約20万人のオウル市は、スタートアップエコシステムの形

注（※14）Business Oulu フィンランド オウル Hallituskatu 36 A　90100 Oulu
https://www.businessoulu.com/en

成に注力しています。この取り組みは、行政や大学などの公的機関が主導しており、特にオウル市の経済局でありオウル市公益法人でもあるビジネスオウル（BusinessOulu）が重要な役割を果たしています。

オウル市にはオウル大学やＶＴＴ（フィンランド技術研究センター）をはじめ、かつて世界最大の携帯電話メーカーであったノキアのオフィスおよび研究所があり、無線通信技術において世界トップの技術を有しています。そのため、８００を超える国内外のハイテク企業がオウル市に進出しています。

しかし、２０１２年以降、フィンランド全体でノキア社員の解雇が始まり、オウル市は大きな影響を受けました。失業率は２０１４年から２０１６年にかけて16％から18％に上昇しました。そこで、産学官が連携し、ノキア及び関連企業の失業者を対象に起業支援や再雇用プログラムを提供し、当時フィンランドで初の官民協働ファンドを設立しました。そして、インキュベーションスペースを運営し、高スキルエンジニアを活用して企業誘致を行い、アントレプレナーシップ教育など幅広い分野で産業育成に取り組みました。その結果、２０２２年にオウル市は国際的なスタートアップエコシステムランキングやヘルステックスタートアップインデックスランキングで、世界30位にランクインするなど、大きな成功を収めています。

また、２０２０年には「ビジネスアセマ（BusinessAsema）」が開設され、ビジネス展開や起業家

GAME AUDIO AWARDSのイベント会場。Polar Bear Pitchingの前日予選と同じ日に開催され、出席者もPBPの会場で見た人が多数いた。

支援だけでなく、失業者や移民向けのサービス、雇用・リクルーティング、研修紹介、コワーキング、会議室レンタル、カフェ・レストラン、デジタル実証実験、生活相談、FABラボ利用など、多岐にわたるサービスを世代や国籍問わず提供しています。これらが、オウル市の経済エコシステムの中心として機能しています。

さらに、オウル市はスタートアップの国際的なピッチイベントである「ポーラーベアーピッチング（Polar Bear Pitching）」を開催しています。このビジネスイベントは、凍ったボスニア湾に穴を開けて氷水に起業家が浸かり、寒さに耐えながら自分のビジネスをプレゼンするもので、非常にユニークです。さらに、世界中から記者がゲストとして招待され、オウル市の産業や観光資源が広く紹介されています。

オウル市では、ゲーム産業も注目されており、フィンガーソフト（Fingersoft）社が大きな成功を収めています。この企業が生み出した「ヒルクライムレース（Hill Climb Racing）」というゲームはHCR1と2を合わせて20億以上のダウンロードを達成し、現在も数は伸びています。また、オウル応用科学大学では、ゲーム開発教育プログラムも行われ、様々なバックグランドを持った地元学生や留学生、職探し中の失業者などでチームを形成し、ゲームをローンチすることを通してビジネスを学んでいます。もちろんプログラムからの起業もサポートされています。

行政が強いリーダーシップを発揮して中核企業とも連携し、産学官連携をベースにエコシステム構築に取り組んでいる非常にユニークな事例です。オウル市は、日本の仙台市と産業振興に関する協定を2005年より結んでいます。

第三章

日本のコワーキングスペース

① 日本のコワーキングスペースの課題

一方で日本のフレキシブルオフィス事業者に目を向けると、２０００㎡以上の大規模なスペースは数えるほどしかありません。スペースのサイズが小さいとコミュニティの成熟を妨げます。席がすぐに埋まってしまうために来館頻度の少ない利用者が敬遠してしまい、工夫なしにはセレンディピティが期待できるほどのコミュニティ規模になっていかないためです。そうなると事業の多角化による収益増も期待ができません。また、床面積の小ささは入居企業の支援にも影響します。利用者や入居企業の支援というアクセルと、入居企業が大きくなると離脱してしまうブレーキを両方踏んでしまうことになります。このブレーキは日本のインキュベーションにおける潜在的かつ大きな課題と見ています。

また、デベロッパーが運営する大規模なインキュベーション施設では、土地再生特別地区制度によるビルの容積緩和、簡単にいうと高いビルを建て、より高収益化を実現する制度が存在していることから収益性が強く求められないケースが多いです。また、地方創生テレワーク補助金といった地方のコワーキングスペース設立にあたって国から自治体へ発行される補助金では、運営ノウハウがないままコワーキングスペースが設立されたり、共創が機能しなかったり、不適当な価格設定でビジネスとして成立しなかったり、民間の同業者の活動を圧迫したりしています。国の様々な起業・経営支援制度も現在は窓口を開いて相談を待っているしかない状況です。

これに対し、ヨーロッパでは特に不動産事業者が入居企業を応援するエンジンを経済的背景から持っているわけです。この仕組みを迅速に日本に導入しないことには10年、20年後の産業競争力に差が付くことは明白です。

インキュベーション機能においては〝数字は重要ではない、数字に固執するとつまらなくなる〟という話がよく出ますが、重要ではないという話と全く意識しないという話は別物です。うまくいっているスペースでは重要視しているかどうかは別として、事例を数字で語ることができています。いきなり大規模な不動産投資が難しければ、まずは実績を積み上げていくことが大事です。次の項からはコミュニティの事業設計について紹介します。

② 事例【SHIBUYA QWS】渋谷キューズ(※15)

渋谷スクランブルスクエア内の渋谷キューズは、土地再生特別地区に認定された特筆すべきプロジェクトです。このプロジェクトは、約2600㎡の広大なスペースを活用し、「問い」をテーマにした場所です。QWSとは、「Question with sensibility（問いの感性）」の頭文字から名付けられました。QWSは、スクランブルスクエア株式会社とロフトワーク社が中心となって運営されています。

注（※15） 渋谷QWS 東京都渋谷区渋谷2丁目 15F https://shibuya-qws.com/

QWSの入口にある"問い"が集められた壁。Question with sensibilityの理念を象徴している。

企業や自治体、大学とも共創パートナーとして連携。パートナーが自ら問いを持ち寄るのも他では見られないユニークなところ。

スタートアップ、自治体、大企業、まだラベルのつかないチームが日々活動している。

QWSでは日々、問いを磨くためのイベントが催され、またそのイベントの価値を高めるために必要な機材、サポートが揃っている。

ＱＷＳの重要な年間目標には、ＱＷＳらしいムーブメントを３つ生み出すこと、累計60のプロジェクトが活動すること、そして１０００個の問いを生み出すことが含まれています。ムーブメントは問いから始まり、プロジェクトに成長し、多くのプロジェクトから新たなムーブメントが生まれるという運営思想が目標とされています。また、〝出会う〟〝磨く〟〝放つ〟というキーワードを掲げ、10種類以上のプログラム（ミートアップ、ピッチ、メンタリングなど）が提供されています。

ＱＷＳの会員種別には、プロジェクトを実施するプロジェクトメンバー、新しいビジネスのアイディアを探求するコーポレートメンバー、さまざまな分野で活躍するリーディングプレイヤーなどが含まれ、ＱＷＳの価値観に共感する支援コミュニティであるＱＷＳコモンズがあります。また、自治体や大学など、多様な会員種別が存在しています。コモンズのメンバーには、渋谷で育ったＩＴ企業の経営者など、上の世代が下の世代をサポートする例もあります。これらＱＷＳの動きやプロジェクトは、渋谷全体の価値を向上させる一翼を担っています。土地再生特別地区としての視点から見れば、ＱＷＳはビルの高さを増す共創空間でありつつも、中長期的な街の競争力維持と価値向上に貢献できる幅広いビジネスモデルとして東急グループの一翼を担っています。

私がこのスペースで魅力的だと感じるのは、その「これから感」です。２０１９年に開業して以来、ＱＷＳは常に未来に向けた期待感を持ち続けています。スペースは3年経つと、安定期に入る傾向があります。創業期にはコミュニティから生まれる可能性が未知数であり、ワクワク感があります。しかし、3年経つとスペースから生まれるものの予測がつきやすくなります。地元密着のライフスタイル型、スモールビジネスが集積する場、スタートアップの拠点などが一般的です。

しかし、ＱＷＳでは個性的で予測不可能な新しいプロジェクトが続々と生まれ続けています。それらのプロジェクトには、強力なビジネス性を持つものもあれば、ビジネスは脇においた、哲学的なものやアートなものもあります。ＱＷＳでのプロジェクトがどのように成長していくのか、全く型にはめられないために、ワクワク感が続いているのです。さらに個人的な考察を入れますと、ＱＷＳはこれまで渋谷が持っていたエネルギーが〝若者カルチャー〟という形で表出していたところに、新しい渋谷のエネルギー表出の形が生まれると考えています。渋谷エリアは再開発により、若者が遊ぶ街から大人の街へと変貌しつつあります。そこで既に根付いていた若者のパワーがサブカルチャーやITベンチャーといった形で表出されていました。再開発と共にそれまでいた人たちがいなくなってしまうのではなく、人々が持っているエネルギーをそのままに表出の仕方が、QWSでの〝問い〟やプロジェクトに変わっていっているように見えるのです。QWSの幅広いジャンルやビジネススタイルを受け入れる姿勢からは、そういった〝これからの渋谷のカルチャー〟を創造していると感じられます。

③ 事例【ARCH】アーチ（※16）

森ビルが運営するARCHは、特定のターゲットに特化したコミュニティを形成している非常にユニークなプロジェクトです。ARCHの運営には、米国シリコンバレーを拠点とするWiLが協力しており、広範な国内外のネットワークと事業創出のノウハウを駆使した独自のサービスとコンテンツを提供しています。ARCHには約120社の大企業が入居しており、大企業の新規事業担当者が日々、オープンイノベーションを通じ、革新的なアイディアを追求しています。特筆すべきは、事業開発を支援するチーフインキュベーションオフィサー（CIO、最高インキュベーション責任者）が

注（※16） ARCH 東京都港区虎ノ門1丁目17−1 ビジネスタワー4F
https://arch-incubationcenter.com/

在籍していることです。現在、このポジションには、ゼクシィの生みの親である渡瀬ひろみ氏、90年代のインターネット黎明期からウェブサービスの開発に携わってきた大塚悦時氏の両名が就任されています。大企業の事業創出の経験が豊富な人物がコーチとして新規事業創出を支援する体制は、国内でも注目を浴びています。

また、ＡＲＣＨは、新規事業開発だけでなく、人材育成といった領域においても価値を提供しています。各社から集まる新規事業担当者同士がそれぞれの知見・悩みを共有することで、レベルアップ

ARCHのエントランス。エントランスを抜けると洗練された空間が広がる。

アイディア出しの様子。新規事業担当者が互いに刺激しあいながら新たな事業に取り組む。

執務スペース。コワーキングスペースとしては隣との距離も広い。ディスプレイが置かれている場所や会議ブースも数多く備え、細かなニーズにも対応。

ARCHでCIOを務めるお二人によるメンタリング。ARCHの特徴的な施策の一つ。

が図られています。レベルアップした新規事業担当者のスキルは、事業創出だけでなく社内風土の変革にも寄与します。日本における新規事業開発に対して斬新なアプローチを持つＡＲＣＨは、今後の展開に非常に注目されるスペースです。

④ 事例【三菱地所】(※17)

東京の中心地、大手町・丸の内・有楽町（大丸有）エリアを中心にコミュニティを展開する三菱地所の取り組みについてご紹介します。

三菱地所は、大丸有エリアにおいてグローバルビジネスハブ東京（Global Business Hub Tokyo）、フィノラボ（FINOLAB）、インスパイヤードラボ（Inspired. Lab）、トキワブリッジ（TOKIWA BRIDGE）、サイ（SAAI）、エッグ（EGG）など、多くの共創施設を提供しています。また、ソフト面ではスタートアップを中心としたコミュニティ「ザ・エムキューブ（The M Cube）」や、大企業、スタートアップ、行政、大学が連携したイノベーションプラットフォーム「ティーミップ（ＴＭＩＰ Tokyo Marunouhi Innovation Platform）」も展開しています。ここでは、ＴＭＩＰの取り組みに焦点を当てます。

ＴＭＩＰの特筆すべき点は、大企業の新規事業担当者が幅広く参加していることです。通常、こう

注（※17） 三菱地所 コワーキングスペース
https://office.mec.co.jp/small_office/coworking.html

左上：FinTechを軸とした異業種との共創を通してスタートアップ育成・成長のサポートや大手企業がオープンイノベーションを進めていくためのソリューションや環境を提供するFINOLAB。
左下：EGGで行われるTMIPの活動。EGGは2000年よりベンチャー支援組織として立ち上げられた“丸の内フロンティア”より発展、リニューアルをしてきた。
右：Inspired.Labでは新規事業創出に取り組む企業と最先端テクノロジーを持ったスタートアップを中心としたコミュニティで共創を目指す。

した取り組みはビルの入居者を対象としていますが、ＴＭＩＰは大丸有エリアの入居者だけでなく、三菱地所以外のビルに入居する企業や、大丸有エリア以外に本社を置く企業からも参加が広がっています。また、大企業のオープンイノベーション促進にはスタートアップが欠かせないということで、前述した共創拠点を中心にスタートアップの誘致・集積を図っています。大丸有エリアの格式や大企業の本社機能を生かし、新たな共創の場が次世代の大丸有エリアで生まれつつあります。

特に２０２３年11月にはレノボ・三菱ＵＦＪ信託銀行、三菱ＨＣキャピタルが、スタートアップ支援に向けた戦略的パートナーシップを締結しました。スタートアップ企業に対してＰＣサブスクリプションの提供などを通じて、スタートアップエコシステムの発展へ取り組む本提携は、TMIPの活動の中で各社の新規事業担当者が繋がったことがきっかけとのことです。こういった大企業間のダイナミックなパートナーシップが今後も創出されていく見込みです。

また、三菱地所がTMIPの取り組みに至った背景も興味深いです。当初、エリアマネジメントの観点から始まったこの施策は、人々が集まる場所をつくるという目標からスタートしました。その後、三菱地所はさらなる共創を目指し、アクセラレータープログラムや社内起業プロジェクト、エリアを活用した実証実験など、新たな取り組みに挑戦し続けています。大企業としてのオープンイノベーションのリーダーシップを発揮していく存在だと見ています。

⑤ 事例【WORKSTYLING】ワークスタイリング(※18)

三井不動産が手がけるワークスタイリングは法人単位での柔軟な働き方を探求しています。ワークスタイリングでは、営業先や自宅の近くでの作業が可能であり、本社機能を複数の場所で展開できるのが特長です。これはコロナがきっかけで急速に変化した「働き方」へ迅速に適応した結果です。新型コロナウイルスの影響により、在宅ワークが必要とされる一方で、オフィスでの集中作業や機密性の高い環境も求められるようになりました。

注(※18) WORKSTYLING
https://mf.workstyling.jp/?utm_source=google&utm_medium=cpc&utm_campaign=BR_workstyling_cut&utm_content=workstyling&gad_source=1

毎週木曜日に開催されているTHURSDAY GATHERING

多拠点型シェアオフィス事業としては初めて、共同利用型オフィスなどのセキュリティ認証でトリプルスター（最高レベル）を取得しています。これにより、高いセキュリティを確保しながら、自宅や取引先近くのワークスペースを提供し、同時にターミナル駅に大規模な拠点を設置するなど、企業が多拠点展開にあたって障壁となる点を次々に乗り越えています。

また、企業のスタイルに合わせるだけでなく、ワークスタイリングから〝幸せな働き方〟を提案する〝5つのきっかけ〟があります。それぞれ、五感で感じる・ゆるくつながる・気軽に学ぶ・自分と向き合い対話する・仲間と解決するです。これら〝幸せな働き方〟をスムーズにお客様に届けるために、コミュニティマネージャーが常駐する拠点もあります。ワークスタイリングは、「すべてのワーカーに幸せな働き方を」というパーパスのもと、フレキシブルオフィスの未来を牽引する存在として、幸せな働き方のきっかけになるような多様なサービスを提供するなど、様々な挑戦を続けています。

⑥ 事例【SENQ】センク（※19）

SENQは中央日本土地建物株式会社が提供する、拠点ごとに設定されたテーマに特化したワークスペースです。例えば、霞が関拠点では日本を牽引する分野の専門家が集まり、京橋拠点では食に特化した専門家が集まります。目黒拠点ではビジネスだけではなくウェルビーングを意識した「暮らしながら働く」というテーマで運営されています。

SENQ中目黒店で開催されたFikaの様子。今回は自治体の職員がお菓子を持ち込み起業家にアピール。たくさんの起業家にアプローチしているSENQならでは。

SENQのコミュニティは非常にアットホームで、利用者と真摯に向き合っている姿勢が感じられます。運営者の人柄もあり、「この人になら相談してみよう」という気持ちになるのでしょう。彼らの丁寧なサポートと心のこもった対応が、利用者の心に響いているようです。そういったアットホームな雰囲気作りに向けた具体的な施策がフィーカ(Fika)です。スウェーデンの生活習慣で甘いものと一緒にコーヒーを味わうコーヒーブレイクの文化を取り入れた企画で、時間になるとスタッフが飲み物やお菓子を用意し、カウンターへ少しずつ会員が集まり緩やかに交流が始まるイ

注（※19） SENQ https://www.senq-web.jp/

ベントです。このフィーカでは自治体パートナーとの共催で地域のご当地銘菓と飲み物を出す工夫がなされたりしています。こういったカジュアルな交流は、会員にとっての居心地の良さや新たなマッチングに貢献するものでしょう。

⑦　事例【コクヨアンドパートナーズ】

これまで企業受付や総務業務のアウトソーシングを受託してきた会社にも、コミュニティを活用した新たな価値創出の動きが出ています。２０１２年の業界黎明期に渋谷ヒカリエでオープンした、クリエイティブラウンジモヴ（Creative Lounge MOV）を手掛けるコクヨ、そして運営を担っているコクヨアンドパートナーズでは、この流れをいち早く察知し、時代の変化を先行して実験する動きをされています。

クリエイティブラウンジモヴでは「クリエイティブな働き方」「コラボレーション」「渋谷という立地を生かす」という3つのコンセプトを設定し、10年以上の運営実績によりナレッジを蓄積してきました。様々なイベントを通してスタッフと会員が混ざり合い、コミュニティ創出を実現しています。

また、２０２１年に開業した品川のザ・キャンパス（THE CAMPUS）では、自社オフィスビルを改装し「みんなのワーク&ライフ開放区」というコンセプトのもと、街に開いていくというチャレンジングな施策を行っています。1階にはオープンなラウンジ、パーク、コーヒースタンドがあり、常駐するコミュニケーターがコクヨ社員・顧客・一般のお客様のハブとなっています。2階はコクヨの先進的な取り組みを紹介する本格的な展示スペースとなっており、コクヨの「今」を感じることもできます。

コクヨといえばキャンパスノート、私も大変お世話になった商品です。看板商品の名を冠されたザ・キャンパスではコクヨの挑戦、そして未来が見て取れます。こうした動きから、コクヨアンドパートナーズではコミュニティ形成の相談が続々と集まっているようです。働く場がハードだけでなく、ソフトの面からも今後大きく変わっていくことでしょう。

第四章

コミュニティを設計する

①　最終目的は事業価値の向上

ワークスペースにおけるコミュニティ作りはタダでできるものではありません。適切なスタッフ配置と業務の設計にコストがかかり、イベントやプログラムを行うとさらにお金がかかります。ではなぜそうまでしてコミュニティを作るかといえば、事業価値を上げるためです。この事業価値、の目的語には様々なものが入ってきます。例えばデベロッパーでしたらエリアの不動産価値を上げる、ということになりますし、メーカーでしたら新たな事業を作ることかもしれません。行政でしたら起業や雇用の創出による税収増などが該当します。どれくらいの資金を投下して最終的に何の事業価値に直結するのか。ここを意識したコミュニティ設計が重要です。

②　良いコミュニティとは？

コミュニティは人が2人集まれば生まれます。そのコミュニティには良いコミュニティと悪いコミュニティがあります。良いコミュニティとはずばり、付加価値があるコミュニティです。付加価値とはコミュニティに参画するメンバーの課題解決をすることで創出できます。第一章で触れたように、コミュニティのメンバーは様々なモチベーションや目的を持ってワークスペースに来ています。メンバー一人ひとりが、このコミュニティを通して何を成し遂げたいのか（そしてそれはほとんど見た目では理解することができない）に注目し、日々の課題を把握し、一つひとつ解決していくことが大事です。第一章の社会関係資本の項でも触れましたが、課題解決の実績は蓄積されていき、蓄積された社会関係資本はより大きな課題を招いていくものです。そのため、いきなりホームラン級の課題解決がなされることはまずありえません。小さなバントやゴロ、そしてそれよりも多くの空振りや三振を積み重ねます。そうして作り上げた事例が増えていくことでステークホルダーが広がり、いつしかホームランを打つことができます。積み重ねるべき課題解決の種類、メンバーが持つ課題への着眼とチーム内での情報エスカレーション、実際の解決行動が重要です。

③　向社会的行動、社会関係資本、エコシステムの設計

では課題解決を積み上げていく上で重要な概念を整理します。新登場の向社会的行動、再登場の社会関係資本とエコシステムについて設計していきましょう。

向社会的行動

向社会的行動とはこちらもアメリカの心理学者、アイゼンバーグとミュッセンにより1989年に

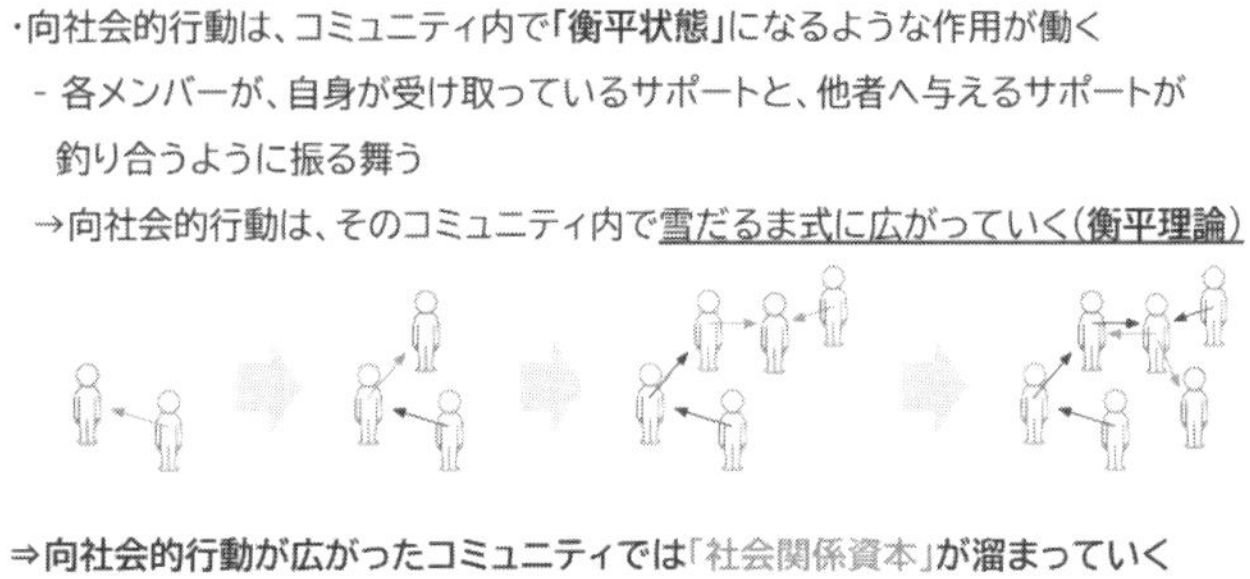
・向社会的行動は、コミュニティ内で「衡平状態」になるような作用が働く
- 各メンバーが、自身が受け取っているサポートと、他者へ与えるサポートが釣り合うように振る舞う
→向社会的行動は、そのコミュニティ内で雪だるま式に広がっていく(衡平理論)
⇒向社会的行動が広がったコミュニティでは「社会関係資本」が溜まっていく

向社会的行動の衡平理論

提唱された概念です。〝他人や他の人々の集団を助けようとしたり、こうした人々のためになることをしようとしたりする自発的な行動〟を指します。この向社会的行動にはコミュニティ内で〝衡平状態〟になるような作用が働きます。各メンバーが、自身が受け取っているサポートと、他者へ与えるサポートが釣り合うように振る舞います。この向社会的行動がコミュニティ内で雪だるま式に広がっていくことが衡平状態です。類似した概念として返報性の法則というものがあります。他人から何らかの施しを受けた場合にお返しをしなければならないという感情を抱くことです。この返報性の法則は登場人物の二者間において働くのですが、必ずしもいただいた恩を相手に返せるとは限りません。例えば、私が卒業した小学校の図書館には〝さとう文庫〟というコーナーがありました。群馬県高崎市金古町、常仙寺の住職であった佐藤全苗住職が1976年から毎年図書費を寄付し続けたものです。佐藤住職は「お世話になった学校に、なにか恩返しをしたい」ということで小学校の恩師に相談。

図書費を送ることにしたそうです。このように返報する相手が適切でない場合（このケースでは、恩師に直接返報するよりもっと適切なこと＝子どもたちへの恩送り、があった場合）、第三者へ返報されることはままあります。これが向社会的行動の衡平理論です。

社会関係資本

社会関係資本はこの向社会的行動を促すことで蓄積していきます。一方向への向社会的行動はコミュニティ内を循環することで協調行動を促すからです。第一章で触れた、信頼、規範、ネットワークは向社会的行動により強化されます。〝向社会的行動がなされると信頼〟のベースとなる経験が作られ、〝規範〟の手触り感が増し、衡平理論により〝ネットワーク〟が強化されます。一つずつ具体的に紹介します。

まず〝信頼〟の本質は「この人ならこういうコミュニケーションで仕事が進められるだろう」という予測と結果が近づくことです。予測と結果が近づくことで、必要最低限のコミュニケーションで期待通りの結果が得られます。〝規範〟とは報酬に対するそのコミュニティ内での非言語的ルールです。例えば、コミュニティ内で発生した取引について報酬が発生すると思っていたのに、発生しなかったとしましょう。ここでコミュニティを取り仕切るコミュニティマネージャーは双方の言い分を確認し、調停を行います。事前に確認しなかったことが悪い、ここまで確認していたのなら支払うべき、など

・このとき、各コミュニティがもつ社会関係資本が大きければ、
より強力に向社会的行動の連鎖が広がる

・このように、各コミュニティ間での繋がりができた状態では、アクセスできる資源（ヒト・カネ・モノ・情報など）が増えるので、より課題解決が起きやすくなる

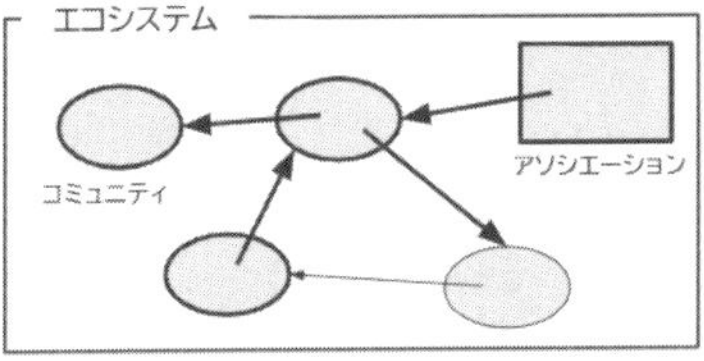

エコシステムの概念図。向社会的行動はコミュニティ間でも発生する。

様々な結果が出るわけです。双方が納得するケースもあれば、いずれかが去るケースもあります。しかし、コミュニティ内には〝判例〟が蓄積されていきます。この蓄積された判例が〝規範〟となっていくわけです。そして〝ネットワーク〟です。このネットワークは向社会的行動の軌跡そのものを指します。ですから「来場者数○万人！」「イベント開催件数・年間○回！」といった数字は間接的には重要な指標でありながら、向社会的行動が実際に発生している数こそが最も重要です。

エコシステム

最後に〝エコシステム〟です。エコシステムは第一章で触れたように、特定のテーマでコミュニティやアソシエーションを区切った複合体です。コミュニティ内で社会関係資本が蓄積されるように、エコシステムでも社会関係資本が蓄積されていきます。先程の向社会的行動の衡平理論に

ついて、コミュニティ内で困っている誰かにサポートを実行しようとした際に外部のコミュニティやアソシエーションからサポートを呼び込むことがあります。こういったケースにおいてコミュニティ同士、アソシエーション同士が繋がっていきエコシステムが形成されます。

④　KGI、KPI、KDIを設計する

コミュニティを設計するにあたってKGI（Key Goal Indicator：重要目標達成指標）、KPI（Key Performance Indicator：中間重要目標）、KDI（Key Do Indicator：重要行動指標）を設計することが重要です。それぞれの目標設定を行うことで関連する他事業へどういった成果をもたらすかを明示し、他事業の各担当者を巻き込むことを目指します。コミュニティのメンバーはコミュニティを主催する企業から資源を引き出せることを期待します。例えば大企業のオープンイノベーション施設であれば、実際に運営しているスタッフが別の委託先企業であったとしても主催している企業とのビジネスマッチングや出資などを期待するものです。この際、目標設定が甘かったり、コミュニティを主催する部署のみの目標となっていたりすると、他部署にとっては業務上関係のない活動となり、資源が引き出しにくくなってしまいます。そこで全体の事業を俯瞰しながらコミュニティがどのように事業へ影響するか吟味し、関連部署、また部署内の他担当者と横断的な対応をしていくことが

大切です。

また、これらの目標が設定されていることでコミュニティの委託・受託関係も健全に成り立ちます。受託者にとってKDIは必達として、KPI、KGIは双方で協力して達成に向けた努力を必要とします。受託者の立場では業者の変更や運営費用の相談の際、重要な評価となります。特に地方で行政が主催するようなワークスペースだと、どうしても地元企業への発注圧力がかかります。それに対して、数字でコミュニケーションが取れることで、より健全なビジネスが可能となります。

⑤ KGI：事業価値の向上

まずはKGIの設定です。コミュニティ運営に取り組む目的を整理し、測定可能な部分を抽出します。シンプルなワークスペース運営というビジネスであれば、KGIは売上、特にLTVの向上になります。LTVとは、顧客生涯価値（Life Time Valueの略称）のことで、ある顧客が自社の利用を開始してから終了するまでの期間に、自社がその顧客からどれだけの利益を得ることができるのかを表す指標です。オープンイノベーションや新規事業を目指すのであれば、該当事業の売上がこれにあたるでしょう（○億円規模のビジネスを生み出したワークスペース、といった形で表現することになる）。行政系のワークスペースであれば、起業数、自治体内での就職数あたりを設定すると良いです。

いずれの企業も自治体もそれぞれの分野でKGIが設定されているため、同一、またはそこに寄与する形で設定します。ただしコミュニティがKGIにごく短期的に作用することはまずないため、長い目で見る必要があります。コミュニティチーム運営のビジネス的な北極星として機能します。

蛇足ですが2024年2月現在、ヨーロッパではロシア・ウクライナ戦争を要因とするエネルギー価格高騰に端を発した記録的なインフレが起こっています。コワーキングヨーロッパ2023のレポートによると、このインフレに押される形でワークスペースの値上げに踏み切った事業者が多いということです。その中でも、コミュニティ形成に力を入れていたスペースでは利用者からの不満や離脱が少なかった、という話が出ていました。コミュニティがLTV向上に資する一つの側面と見て良いでしょう。

⑥ KPI：コミュニティの状態把握

次にKPIです。コミュニティの発展具合を測るために課題の解決量として設定されます。まずは課題そのものの数、そして課題の解決量を把握することです。課題の解決量を認識するために、コミュニティマネージャーは、入居者とのコミュニケーションのなかで、入居者の持つ課題の内容、それぞれの課題の解決状況・ステータスを管理し、これらの情報を適切に蓄積・アップデートしていく

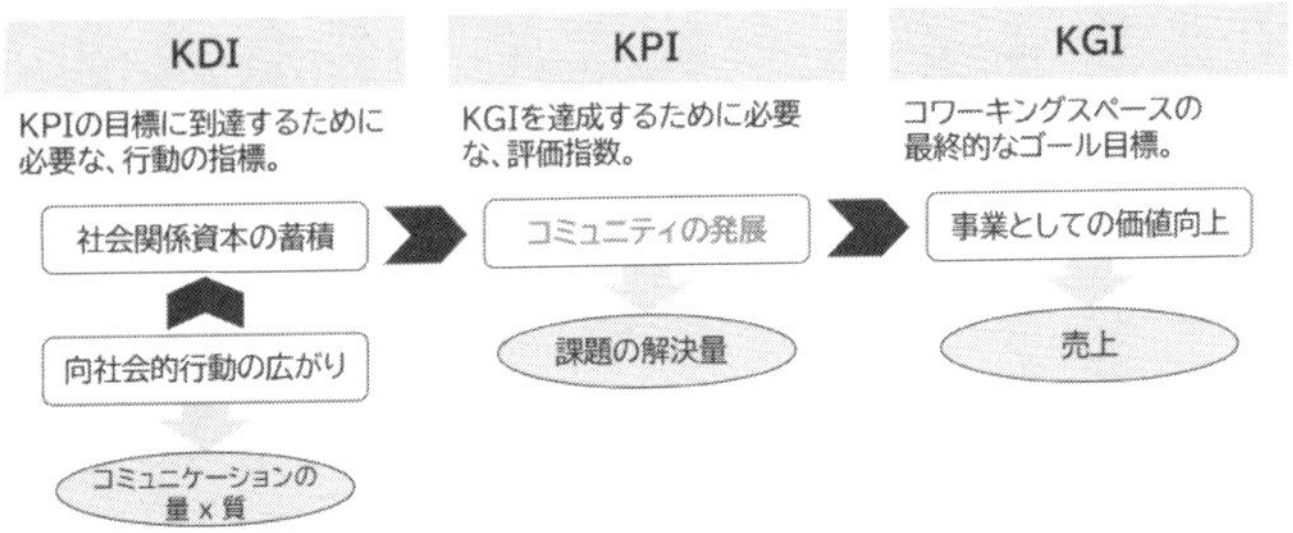

コミュニティを設計する上で必要な指標

ことに努めます。

裏を返してメンバー側の立場に立ってみると、コミュニケーションを通してポロッと話した課題が解決されれば嬉しいですよね。また、相談した課題がいつまでも対応してもらえないとヤキモキしてしまいますよね。できる、できないはもちろんありますが、相談された課題がちゃんとエスカレーションする仕組みや担当ごとの解決率を追いかけることが重要です。現場運営と主催企業が異なる場合は特に、課題ごとに誰がどう担当していくかを見える化するとチームで乗り越えるべきことが見えてきます。特定の部門の協力を仰いだり、決裁権をもらったり、広げたりといったことも必要になってきます。その検討を行うにあたっても、どのような課題が発生し、解決状況がどうなっているかを定量的に把握することは重要です。

⑦ ＫＤＩ：コミュニティマネージャーの動きの定量評価

最後にＫＤＩの設定です。コミュニティマネジメントにおけるＫＤＩは向社会的行動を広げ、社会関係資本を蓄積していく部分を司ります。そのためコミュニティマネージャーの行動はコミュニケーションの量と質を担保していくこととなります。コミュニケーションの質は、施設内で繰り広げられるコミュニケーションの内容が、コミュニティの課題に即したテーマになっているか、という点を観測します。

例えば、ビジネスマッチングがテーマになっている施設において、ひたすら仕事に関係ない雑談が繰り広げられている状況は問題です。一方で会社員が多く、利用者がコミュニティマネージャーと会話するモチベーションが安らぎや息抜きの場合、仕事の話しかしないのも問題です。起業や事業支援を行うコミュニティでしたら、ビジネスの話が全体の20～30％程度、雑談が30～40％程度、その他運営に対するネガティブ・ポジティブ含めたフィードバックが20～30％程度あると、健全なコミュニティが運営されているといえます。もちろんコミュニティマネージャーを中心とした運営スタッフ全体でのコミュニケーションで担保されるのが良いでしょう。

また、量については利用者の向社会的行動を促すのに最適なコミュニケーション量を設定することが重要です。数が多ければ多いほど良い、ということは利用者にとっても運営スタッフにとっても良いわけではありません。施設の規模や利用者・運営スタッフの規模感によって、適切な目標設定がなされることが重要です。

■事例　【BIRTH LAB】バースラボ（※20）

株式会社高木ビルのブランドであるバースラボ麻布十番では、先に紹介したコンセプトを活用した運営を行っています。ＫＧＩとして高木ビルの事業及び麻布十番の拠点価値向上、ＫＰＩとして課題の解決量、ＫＤＩとして現場スタッフへ1日2件の会話情報の入力を設定しています。２０２３年の上半期では６８９件の会話情報が集まり、運営に関する課題、ビジネスに関する課題がそれぞれ68件、38件。解決数が51件（75%）、25件（66%）となっています。会員やイベント参加者とのコミュニケーションが共有されることでコミュニティの全体把握が容易になっております。また、課題情報を誰が聞き取ったか、また誰が主体となって解決したかを見える化し、評価へ活用しています。

コミュニティスタッフ・コミュニティマネージャー表彰の様子。

コミュニケーションの見える化はスペース外での

注（※20）　BIRTH LAB 東京都港区麻布十番2丁目20−7 高木ビル1F
https://birth-village.com/lab/

活動にも好影響をもたらしています。バースラボの事業では自治体連携をはじめとした、スペース内でのコミュニケーションにとどまらないプロジェクトがあります。これらの活動は他のスタッフの目に触れることが少なく、担当者以外にはブラックボックス化しがちで、周囲からの理解を得にくくなる構造的要因となっています。一方で、バースラボでは施設内外での活動が透明化されているため、外での活動で出会った方が突然来訪された際も、現場でコミュニケーションが取れたり、組織の意思決定がシームレスにできたりします。また、麻布十番の地域ネットワークに積極的に関わってもいます。地域の商店街組合や自治会の加入、お祭りへの出店、果ては地域の方との餅つき大会など東京の大都会、港区においてローカルな活動を実現しています。

　地域の方々からは若者が集まっていることや、イベントへの挑戦から〝何か一緒に街を盛り上げられるのではないか〟と期待してもらっています。こうしたコミュニケーションがチーム内で見える化されているからこそ、社内理解が進み、迅速な意思決定、地域との共創を実現することができます。

左：月に2回開催されているコーヒーミートアップ。外で会った方々とBIRTHを繋ぐカジュアルな場。
右上、右下：地域の人たちを巻き込んだ餅つきイベント。地域と繋がる上でフィジカルな活動を重要視している。

第五章

コミュニティを評価する

① コミュニティによって価値が向上する〝事業〟を特定する

KGIの設定部分で触れましたが、コミュニティによって価値が向上する事業を特定することは極めて重要です。大企業の〝出島〟と呼ばれる施設や、そういった施設に学んで設立された行政系のワークスペースは、この部分がまるで検討されていないケースが多くあります。こういった際に注意したいのが、運営責任者が他事業で既に実績を挙げているケースです。既に実績を挙げているが故に、コミュニティによって価値が向上する事業の特定がガバガバになってしまうパターンがあります。これは社会関係資本の負の部分で、別事業で積み上げた社会関係資本があるがゆえに「あの人がやるのだから成功するだろう」という意志決定がなされるために発生します。こういったコミュニティは責任者の異動や退職により途端に崩壊します。また、社内での同意が中途半端なため、潮流の変化、社内政治により簡単に手のひらが返ります。他部署が汗水垂らして売上をあげ、経費を削減している中で「あいつら何やってんの？」という状態を続けるわけにはいかないのです。また、責任者の下につく担当者も悲惨です。コミュニティの成果が設定されていないと評価ができないため、キャリアに穴が空いてしまいます。こういった事態を避けるためにも、コミュニティ運営がどの事業に影響するのかを予め検討しておくことが大事です。

■事例【ＦＵＳＥ】フューズ（※21）

本業のビジネスモデルそのものを捉え直し、ワークスペースビジネスとうまくかけあわせているのが浜松いわた信用金庫の運営するＦＵＳＥです。シリコンバレーと浜松が融合し、何かを始める導火線となる場となることがコンセプトです。具体的な取り組みは次のようなものです。

シリコンバレーと浜松地域を繋ぐパイプ役としてスタンフォード大学への職員派遣、現地ベンチャーキャピタルへの投資、現地の会員組織や団体に加盟、浜松市からの視察者対応や展示会出店支援、研修職員の受け入れを行っています。そうしてシリコンバレーで得た情報や知見を展開するのがＦＵＳＥです。ＦＵＳＥコミュニティでのオープンイノベーション、産学官連携の拠点、他地域エコシステムとの繋がりや事業連携、ＦＵＳＥ独自の支援メニュー提供といった役

入居企業の一部や国内外のパートナーとともにシリコンバレーの現地時間が掲載されたボード。スタンフォード大学との提携は職員派遣を行っているがゆえの賜物。

FUSEの入口にあるラウンジ。机には掲示物が並ぶ。雑然とした受付、掲示スペースは良いコミュニティがある証拠。

注（※21） FUSE 静岡県浜松市中央区鍛冶町100-1 ザザシティ浜松中央館 B1F
https://hamamatsu-iwata.jp/business/sogyo/fusehamamatsu/

浜松調理菓子専門学校生によるピッチ。施設内には“トライアルキッチン“も備えており、支援の幅広さに貢献している。

中小企業とデザイナーとが一緒になって消費者向けの商品開発をするプログラム、Hamamatsu Design Visionの一幕。浜松いわた信用金庫のキャンプ同好会の人を招いてニーズ調査をしている様子。金庫のウチとソトを繋ぐ役割としてもFUSEが果たす役割は大きい。

割を担っています。

私が特にユニークだと考えているのは、先述したような幅広く、密度の高い支援を実現できる下地に、長年にわたって信用金庫としての伴走型支援、具体的には経営や借り入れの相談といった信用金庫としての本来の役割が活かされている点です。また、〝やらまいかファンド〟と名付けられた地域発のスタートアップへ投資する資金調達の仕組みも整えています。企業の支援の先にどうすれば地域が、そして自社が繁栄していくかがきちんと設計されています。こういった本業の強みを存分に活かした事業設計モデルは非常に秀逸で今後も目が離せません。

■事例【GarrawayF】ギャラウェイエフ（※22）

注（※22） Garraway F 福岡県福岡市中央区天神2丁目10-3 VIORO 7F
https://garrawayf.com/

トヨタ自動車九州株式会社のギャラウェイエフは、大手企業が運営するワークスペースで、驚くべき実績を上げています。このスペースは、九州と世界をつなぎ、モビリティを通じて人々の結びつきや未来へのつながりを促進することをビジョンに掲げています。

ギャラウェイエフにはコンシェルジュと呼ばれるスタッフ、多彩なイベント、そしてビジネスプロデューサーの植野氏やコミュニティマネージャーの佐藤氏といったプロフェッショナルが在籍しています。スタイリッシュな空間は植野氏自身のデザイン。コストを抑えながら、全く他と異なるハイセ

Garraway Fのコンシェルジュ・女将（右から4人目）・ビジネスプロデューサー（右から5人目）

女将はGarraway Fの顔としての役割も。

いわゆるJTCが主催する場でありながら多様なバックグラウンドの人が集う場となっている。

福岡におけるトラッドなビジネスコミュニティにおいても存在感を発揮している。

ンスな空間となっています。経理系の部署出身の植野氏による費用対効果が考え抜かれている運営思想にも注目です。

さらに特筆すべきはギャラウェイエフがきっかけで発生している数々のプロジェクトや実証実験がスペースを超え、会社を超えて実現していることです。

ギャラウェイエフの利用者から出たアイディアとトヨタグループ内企業の新たな取り組みが実を結び、実際に試してみる（トヨタグループの実験の場、ラリーで試みられることが多いそうです）、といった事例が出ています。筆者もメーカー勤務でしたがグループ内の企業といっても別の会社です。この横断的な取り組みの実現は大変に困難なものであり、ギャラウェイエフのプロデュース力を表現するには十分なエピソードです。

また、地元スタートアップと連携し、トヨタ自動車九州で実装された技術を事業化し、トヨタ自動車九州がスタートアップの販売代理店として製品を売るという取り組みも生まれています。大企業の販売網を活用したスタートアップの展開事例はこれまでにも無いわけではないですが、スペース発の事例としては一つ頭抜けているといえるでしょう。

これらを下支えしているのはギャラウェイエフ運営チームの役割分担にあると見ています。コンシェルジュ、女将、ビジネスプロデューサーという布陣は相談を持ち込みやすい形式になっています。コンシエルジュがスペース全体の雰囲気作り、利用者との接点や相談が発生しやすいコミュニケーションを実現します。女将はスペースを取り仕切る存在です。これまでのキャリアを活かしたコミュニケーション力、マッチング力、コンシェルジュの教育力を持って、現場のコンシェルジュと総責任者のビジネスプロデューサーを接続します。ビジネスプロデューサーはその感性を活かして利用者とトヨタ自動車九州との協業に結びつけます。前述したエピソードは実現するまでのカロリーが高く、今回連携が実現した企業もトヨタ自動車九州の正門を叩いていたら、結果はどうなっていたかわかりません。発案された方々が「ギャラウェイエフなら相談に乗ってくれそう」と足を運び、コンシェルジュの方々とのコミュニケーションを通して女将の耳に入り、ビジネスプロデューサーが仕上げていく、見事なチームでの連携が伺えます。

② コミュニティの発展で事業はどんな発展を遂げるか？

ではどのように事業を特定するかというと、コミュニティが最大発展した際のイメージを持つことです。そのスペースにどのような人が来て、どんなコミュニケーションが展開され、何がなされるのか。これはインキュベーションやオープンイノベーションといったゴール以外にも設定可能です。

快適なスペースを提供し続け、毎日来たくなるオフィスを実現する、そうすると入居企業の事業が円滑に進む…。といった連想ゲームをしてみると良いです。もしかしたら既存事業の延長線上以外の未来が見つけられるかもしれない、すぐに床が埋まってしまい、事業拡大の機会を逃してしまうかもしれません。コミュニティを発展させるのには時間がかかります。最初の頃はなかなか思うようなコミュニティが作れずにヤキモキすることもあるでしょう。しかし、コミュニティが発展して来た時にきちんと設立目的に立ち帰れるように、最初に理想状態を検討しておくことが重要なのです。

また、コミュニティが発展してくると必ずポジティブな結果が帰ってきます。離脱率が下がるのでスペースがだんだん埋まっていきます。お客様が新たなお客様を連れてきてくださったり、外で繋がった方々が来訪したりと、眼の前のワークスペースとしての売上も盛り上がっていきます。

③ 売上構造はどうなっている？

とはいえ、コミュニティが成熟するまでに資金が尽きてしまっては元も子もありません。コワーキングスペースは立ち上がりの遅い事業です。ワークスペース運営を行っていく上での売上や収益についても考えていきましょう。代表的なプランは次のようなものです。

ドロップイン、月額フリーデスク、月額固定デスク、月額個室、月額テナントといったワークスペースの利用に関するプラン。そしてロッカーやポスト、特定の備品の専有ができるオプションプラン。イベント会場としての場所貸しプラン。そして住所登記利用のみのバーチャルオフィスプラン。

このあたりが代表的なものでしょう。

最もカジュアルに利用できるものがドロップインです。1時間あたり500~1000円ほどで設定されているケースが多いですが、このプランだけで収益を確保するのは難しいでしょう。カフェのように高い回転率が重要になるわけですが、1時間のドロップインであればお客様は1時間は席を使います。あくまで、より高単価の利用者を増やすためのプランであるという認識を持った方が良いでしょう。

また、月額フリーデスクには有効座席数を検討する必要があります。4人がけの席があっても、1人で使われるケースもあります。カフェのような高回転をする場所ではないので、隣の席が近すぎるとやはり気になるもの。有効座席数に則った事業計画を作ることが大事です。個室やフロアは単価も高く収益の中心となります。フリーデスクを快適にしすぎると個室に入りづらくなります。室内のサイズや机、椅子に気を配り、個室の作業環境を快適に保つ必要があるでしょう。

また、イベント会場としての場所貸しも高収益なプランです。ドロップインのような1時間500円を集めるビジネスよりも収益性は高いです。施設の設計時点で、イベント利用をする際に他の利用者が使えるスペースを確保しておくことが重要です。

バーチャルオフィスプランも高収益化には欠かせません。ポストを設置すれば毎月収入が入ってきます。利用者は特に銀行口座が開設できるかどうかを気にされます。ロゴを入り口に掲示できるようにしておくと、銀行の現地調査が入っても施設側としては問題ないでしょう。

■事例【STUDIO 080】スタジオ080（※23）

丸山運送社が運営するスタジオ080のビジネスモデルも大変興味深いです。創立時には〝運送業はもっと川上か川下からお客様と携わる必要がある〟という課題感があったそうです。扱っている運

コミュニティマネージャーによって社員教育や採用などのセミナーが行われており、コミュニティマネージャーの強みを入居企業が意識付けられる機会となっている。

移住定住や若者の活躍に関するイベントや施設運営を委託されることもあり、地域にとってかけがえのない存在となっている。

注（※23） STUDIO 080 宮城県仙台市宮城野区苦竹3丁目1−6 STUDIO 080 株式会社丸山運送　https://www.studio080.co.jp/

送事業では、一つひとつの取引が大きい案件であることが多く、いざ取引が決まってから担当者を決める、ということも少なからず生じます。そして、そのなかのいくつかに、担当者が用意できず取引が不成立となるケースが発生します。

スタジオ080では利用者の中に本業への見込み客となる方が一定数存在するので、スタジオ080が持つ採用のノウハウから、運送業者としての知識を持って新人研修まで実施可能な体制を整えました。そのため、取引が決まってから担当者を採用することになったとしても、採用から育成までをスタジオ080がサポートしてくれることになります。これによって、利用者、丸山運送社、双方にとってのビジネスチャンスを逃さないサービス提供ができるようになったとのことです。コミュニティマネージャーの栃山氏に「狙ってやってますよね?」と伺った際、「心づもりはありました(笑)」とお答えされたときはつい膝を打ってしまいました。

④ コミュニティ運営のチーム体制

この項では、コミュニティ運営のチーム体制について解説します。

コミュニティストラテジスト

コミュニティの全体設計を行い、エコシステム内で自社コミュニティについてどんな立場、役割を獲得し、自社コミュニティのメンバーにどんな資源（価値）を提供し喜んでもらうかを設計・計画します。上司やオーナーと調整を行い、計画の承認をもらってくるのもこの仕事です。時には自社の別事業や別部署の資源を引っ張り出す仕事もします。コワーキングスペースであれば「地域密着型」「出張者向け」といった地理や立地に区切った役割、「インキュベーション拠点」「オープンイノベーション拠点」などの機能的な役割、そして、そもそものビジネスモデル（コワーキングスペースの収益を中心とした不動産的ビジネスモデル、オフィスの空き部分を提供し、収益性を求めないビジネスモデル、スペースから派生した本業をアシストするモデルなど）を考えます。この時点で、そのコワーキングスペースが主にどのエコシステムに所属するかが決まります。

所属するエコシステムの検討材料は、既に自社の別事業で獲得している資産や競合、協調関係、オーナー・上司・事業担当者の意志といった事柄です。

エクスターナルコミュニティマネージャー

コミュニティストラテジストの設計・計画に則り、エコシステム内での〝立場〟と〝役割〟を獲得するために活動します。

エコシステム内で他にどんな「コミュニティ」「行政」「キーマン」「組織」があるのかを検討し、

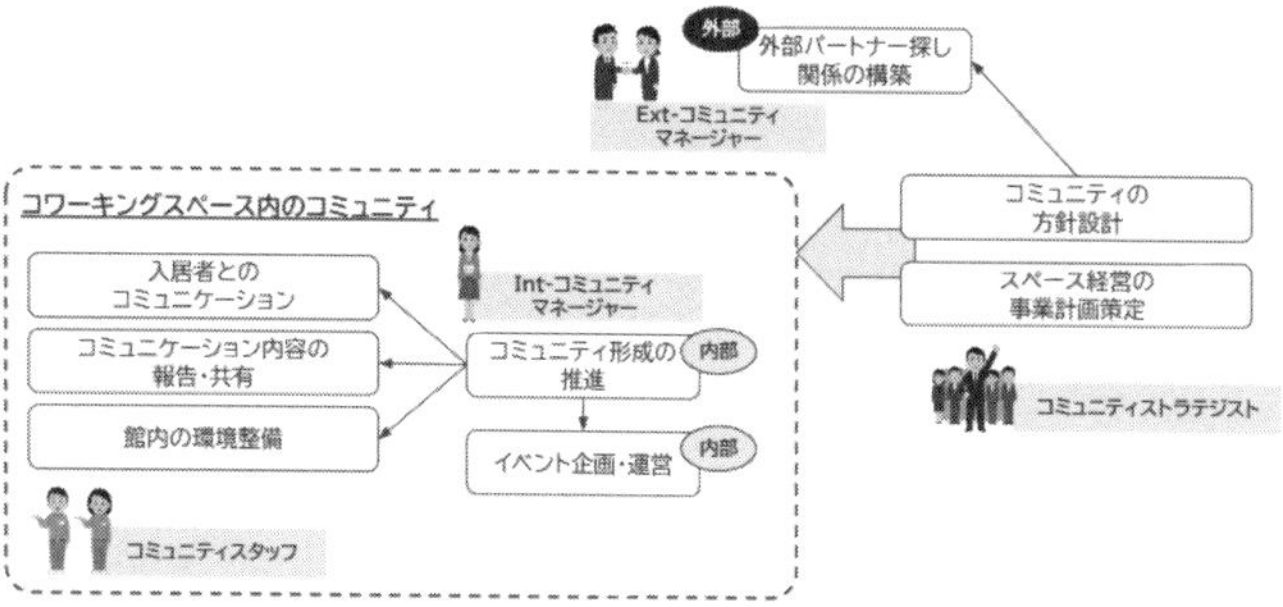

各ポジションが担う領域のイメージ図

誰とどう付き合うのかを検討します。どこと関係構築をすればどんな資源がスペースに調達可能か考え、具体的に関係構築・協同プロジェクトを実行する際の渉外活動を行います。

エクスターナルコミュニティマネージャーは役割柄、コミュニティ外で活動し、イベントの企画・登壇や外部での打ち合わせ・会食が多くなります。そういった活動を元に構築したネットワークを自社コミュニティに還元します。

インターナルコミュニティマネージャー

コミュニティストラテジストの設計・計画に則り、自社コミュニティのメンバーに喜んでもらうための資源（価値）を提供するために活動します。この活動はエクスターナルコミュニティマネージャーの獲得する資源を、自社コミュニティ内に適切に供給することで達成されます。自社コミュニティの健康状態（メンバーのコミュニティ貢献度）は、エクスターナルコミュニティマネージャーの仕事にも影響を与えます。

コミュニティにどんなメンバーがどのようなモチベーションで所属しているかということは、エコシステム内での〝役割〟に直結します。メンバー達の資源へアクセス可能（そもそもどんな資源や興味を持っているか知っている、集客対象になり得るなど）な状態を作り、コミュニティとして活動できる状態を整えます。エコシステム内の人達はインターナルコミュニティマネージャーに興味があるのではなく、自社コミュニティのメンバーにアクセス可能かどうかに興味があることも忘れないでおきたいです。

自社コミュニティ内に所属するメンバーがどんなメンバーであるか理想像を描き、特に自社にとって好ましいメンバーが集まるような、または好ましくない人が来ないようにする施策を行います（検討の結果、本当に誰でもＯＫということも）。離脱防止策を考えるのも役割の一つです。また、メンバー間で資源がやり取りされるような活動、ネットワーキングイベント（食事会、勉強会など）を主催します。

役割柄、自社コミュニティに近い場所で活動し、メンバーとの雑多で大事なコミュニケーションや近況・課題のヒアリング、自社コミュニティ内のイベントの企画・実施などが多くなります。これらの活動を通して自社コミュニティ内で資源の流通環境を整えます。

コミュニティスタッフ

清掃・受付といった施設管理に必要な人材が中心です。必要な人材レベルや雇用形態は、学生や活動したてのフリーランス・パート、アルバイトといった層が中心となります。労働強度（一定時間内の労働料量）は高くないことが多いです。お客様と接する時間が長く、施設の雰囲気を作っていくスタッフとなり、トラブルが発生した際の一次対応をしてもらえる強い味方です。

また、顧客とのラポール（※24）形成にも大変重要で、コミュニティマネジメントを推進していく上では欠かせない存在です。コミュニティマネージャー達は〝現場に出ないと仕事にならないものの、現場に出ると同時に仕事にならない〟という側面を持ちます。メンバーの近況を仕入れないことにはコミュニティマネジメントの活動に支障をきたす一方で、他の仕事に手がつけられないというジレンマを抱えています。コミュニティスタッフの育成と戦力化、具体的にはコミュニティスタッフがメンバーから信頼を得て、御用聞きが可能な状態を構築することは必須です。

⑤コミュニティ運営の売上↕コストストーリーを検討する

コミュニティ運営のチーム体制を構築するにあたって当然売上↕コストストーリーを検討する必要があります。コミュニティストラテジストの役割を担う人材は既存事業では経営層クラスの人材が、エクスターナルコミュニティマネージャーは部・課長級の人材が、インターナルコミュニティマネー

注（※24） 自分と他者との間に形成される信頼関係のこと。

ジャーは係長級人材が必要です。コミュニティスタッフにおいても無人運営に比べれば遥かに高コストとなります。その中でコミュニティマネジメントを通していかに売上を積んでいくかという発想が重要です。

イベントを開催するにしても企画設計、集客といったコストが発生します。これらイベントの開催は出口をどこに設計するか、という点を念頭に置きましょう。インキュベーションスペースやオープンイノベーションスペースでは頻繁にイベントを開催しています。その中身をよくよく見てみると次のような目的が見えてきます。

（1）新規会員の獲得
（2）他事業のブランド向上と送客
（3）1・2に付随して委託内容の条項として設定されているためにやっている

これらは後で、また先にコミュニティチームの運営費用を賄う算段が立っていることもあります。こういった他事業とのシナジー・組み合わせが発生しているものは、他社事例を参考にする際に注意したいものです。

ではオフィス事業を中心としたイベントで気をつけるべきことはなにか。抑えるべきポイントは次の3つです。

（1）企画コストが低い

（2）毎月続けられる
（3）外部の人が入る余地がある
といったことです。

これらを抑えられる、私イチオシのイベントはコーヒーミートアップです。アメリカのコワーキングを巡った際にコーヒーミートアップに出会いました。時間だけ決まっていて、メンバーや来客が代わる代わる一緒にコーヒーを飲みに来ます。お酒が前提でないので仕事がある人も息抜きに来ることができますし、何よりスタッフを夜遅くまで拘束する必要がありません。コーヒーミートアップは、アメリカでは仕事時間が終わったらすぐに帰る、という文化のなかでコミュニケーションの機会を作るため生まれたそうです。いらっしゃる方々の期待値も高くなく、先述したエクスターナルコミュニティマネージャーのお客様もこういうイベントにぶつけると「なんだかいろんな人紹介してもらったし、お得だったな」と思ってもらえます。こんなイベントが（1）コーヒーを淹れるというルーティン、ポスターも日付を変えるだけで良く、5人も集まればイベントの体をなす（2）毎月続けても息切れしない（3）外部の人も〝せっかくなので〟と参加しやすいハードルの低さで実現できます。もっと広まれ！　と思っています。

この3点を抑えたイベントを施設のサイズに合わせた頻度で開催していくと、コミュニティ運営がスムーズに進んでいきます。海外の事例を見るとオフィス事業者からカフェへ、シェアハウス運営へ、投資会社へといった事業展開をしていく企業もあります。また、無料のイベントを開催してスタートアップを集め、アクセラレータープログラムで収益化していく事例もあります。コミュニティを育成し、かけたコストをどこで回収しにいくか、そのストーリーを構築することが重要です。

イベントについては第八章⑤でもう一度触れます。

⑥　コミュニティの成果の見せ方

コミュニティの成果が見えづらい、というのは広く認識されている課題です。学術的な研究でも様々なアプローチが試みられてきました。

ただ、自分たちで成果を定義して広報をし始める事業者が出てきました。コミュニティ運営を含めた年間での活動報告書を作成して公開するスペースです。スペースによって、入居企業の資金調達総額や起業数、運営者への事業相談件数、自治体のスペースであれば自治体内での就職件数など、目的に応じてそれぞれ設定されている指標を公開する流れです。

コミュニティマネジメントはコミュニティ内での資源流通を加速させることが仕事なので、エージェント的な仕事はしていません。あくまで〝このコミュニティの状況〟を示すものです。そして、こういった数字を出していこうとすると必ず耳にするのが〝数字を表に出すとテイカーが現れる〟という声です。それは全く問題にはなりません。コミュニティメンバーの誰もが特定のタイミングを切り出せばテイカーとなります。テイカーとギバーが入れ替わる、先述の向社会的行動がどこかで発生すれば、それは衡平していきます。あまりにもテイクが多い方へはやんわりとコミュニティ内の規範を教えていく必要がありますが、それもコミュニティマネージャーの業務の範囲内。丁寧にコミュニティの規範を伝えましょう。ギブ&テイクという言葉はギブが先。テイカーの来訪を歓迎できる体制こそコミュニティマネージャーの腕の見せどころです。

⑦ 説明不可能なコミュニティには予算をつけてはいけない

かつては〝出島〟的に、〝一旦数字は置いておいて〟というスローガンの元に、ＫＧＩ、ＫＰＩ、ＫＤＩの設計がなされていないインキュベーション、オープンイノベーションスペースが数多くありました。最近はそういったスペースは減ってきています。

そもそも閉鎖されてしまったり、社内での圧力を受けて数値目標を設定し直したりしています。ただ、そういったスペースを参考に作られた、行政系のワークスペースはなんとまだまだ増えています。運営思想がないままにワークスペースだけ整備してしまうと手遅れになります。その状態でご相談をいただいてもどうしようもないことがほとんどです。〝まずはできることから〟というアクションにも程度問題があります。ちゃんとしたアドバイザーをつけて進めるのが良いでしょう。

第六章

スタッフの採用・育成・マネジメント

～コミュニティ形成においてはチームで動くことが重要～

コミュニティ形成は先述したような職責に応じたチームでの活動が重要です。本章ではそれぞれの人材採用と育成について触れていきます。採用では特に相手軸で考えることができる人を、育成・マネジメントの基本スタンスとしては「施設運営」と「コミュニティ形成・課題解決」の2つの軸でできることを増やしていくことに主眼をおきます。

① コミュニティスタッフ

コミュニティの顔となるコミュニティスタッフから見ていきましょう。コミュニティスタッフの育成は極めて重要なテーマです。利用者と接する頻度が最も多いためです。

多くのコミュニティマネージャーが勘違いしているのですが、まずここの層が育たないとコミュニティマネージャー、特にインターナルコミュニティマネージャーはクリエイティブな仕事に取り組めません。前章でも〝現場に出ないと仕事にならないと同時に現場に出ると仕事にならない〟という状況が発生することに言及しました。コミュニティマネージャーだけが顧客との対応が可能で、コミュニティスタッフがいつまでも使い走りしかできない状況ですと、インターナルコミュニティマネージャーはコミュニティの組成に手がつかず日常業務に追われてしまいます。

ここで重要なのが権限委譲とＫＤＩの実施徹底です。メールや電話の応対、清掃など手を動かさなければならない業務は数多く発生します。これらを一つひとつチェックしていきたくなる気持ち、わからなくはないのですが、これらをやっていると時間が足りなくなります。誰でもできるレベルの細かいオペレーションに落とし込んだらあとは任せる、ということが大事です。オペレーションに落とし込む、というのも一筋縄ではいきません。マネージャーによって〝ここまでやれば落とし込めた〟と感じるレベルが異なります。優秀なマネージャーは〝スタッフが考えなくて済むオペレーション〟を目指します。例えば、探しもの。「あれってどこにありましたっけ？」というやり取りがなされているものは要注意です。見るべき資料や画面が大量にある可能性があります。マニュアルすら見に行かなくて済むような（皆さんもスマホや電子レンジの説明書なんてわざわざ見ないでしょう？）オペレーション設計にすることに努めましょう。便りがないのは良い便り、ではありませんが、日々のオペレーションでいちいち手を止められない環境を作りましょう。

そこへ加えて、現場スタッフが利用者と行うコミュニケーションを把握しておくと良いでしょう。現場スタッフはインターナルコミュニティマネージャーの指揮命令下にあって、コミュニティ形成に寄与する存在です。そのコミュニティスタッフが〝ナメられている〟状況を放置しておくのは大変にもったいないです。ひたすら雑談相手にしかなっていない状況は生まれていないでしょうか。インターナルコミュニティマネージャーが、コミュニティスタッフのマネジメントを通じて、コミュニティスタッフのレベルを引き上げることが重要です。

レベルを引き上げる、ということを掘り下げると2つ。1つは、先述したオペレーションを整理すること。そしてインターナルコミュニティマネージャーにも、現場のコミュニティスタッフにも余裕を持たせることです。もう1つが、コミュニティスタッフのコミュニケーションレベルを上げることです。コミュニケーションレベルを上げる方法は、現場のスタッフが取ったコミュニケーションを評価していくことです。どんなコミュニケーションが望ましいのかを伝えていくことで強化されていきます。一方で、望ましいコミュニケーションが設定されていないと、コミュニティスタッフはとにかく小さくまとまります。コミュニティスタッフの思想としては〝現場で勝手な話をしてはいけない〟と考えているものです。コミュニティスタッフがインターナルコミュニティマネージャー、ひいては自身が設計するコミュニティの目と耳として機能するように育成していきましょう。

② インターナルコミュニティマネージャー

インターナルコミュニティマネージャーの育成とマネジメント方針について解説します。インターナルコミュニティマネージャーは、現場のコミュニティスタッフを活用してコミュニティストラテジストの設計・計画に則ってコミュニティ内での資源流通を司ります。

この人材の育成において必要なことは多岐に渡ります。コミュニティの基礎理解と事業設計、営業、プロモーション、財務諸表の読み込み、顧客対応力／採用、起業の知識、企業フェイズの理解、金融基礎知識、対外折衝といったことです。ここまでの知識を備えたインターナルコミュニティマネージャーは、現在日本に数名ほどしか存在しておらず、ＪＣＣＯ（一般社団法人コワーキングスペース＆コミュニティマネージャー協会）としては、インターナルコミュニティマネージャーを育成し、エクスターナルコミュニティマネージャーやコミュニティストラテジストの卵として輩出することを目指しています。

インターナルコミュニティマネージャーは、ほとんどのワークスペースで育成がなされておらず、採用段階での選抜のみ行われています。人当たりの良くストレスマネジメント力の高い人材がこの役職にアサインされますが、育成方針が整っていない≒昇給制度が整っていないことでキャリアアップが難しい状況です。インターナルコミュニティマネージャーは、コミュニティを育成し、連続的なレベルアップを促進します。インターナルコミュニティの成熟は、エクスターナルコミュニティマネージャーにとっても重要です。エクスターナルコミュニティマネージャーが外部のコミュニティとの共創活動をしていくためには、良質なインターナルコミュニティが必要なのです。

ここでは、インターナルコミュニティマネージャーは育成できるし、しなければならないというメッセージを強くお伝えします。

まずはコミュニティの基礎理解と事業設計について紹介します。

コミュニティの基礎理解にはこれまで触れてきたコミュニティの設計、コミュニティの評価を頭に叩き込むことです。コミュニティマネージャーですので、自社事業の中でコミュニティがどの位置づけにあり、自らの仕事がどのように定義・評価されるかを深く理解しなければなりません。インターナルコミュニティマネージャーが、この部分を履き違えていると事業がうまくワークしませんし、最悪インターナルコミュニティマネージャーによる反乱が発生します（他の項目は仮に全く育成しなかったとしても反乱までは起きません）。どういうことかというと、インターナルコミュニティマネージャーが近視眼的にコミュニティを捉えると、しばしば利用者の都合が良いように意志決定してしまいます。一方で、利用者の都合が良い、というのは運営者にとっても都合が良いとは限りません。例えば、営業時間の延長やオプションの無料化など利用者が喜ぶ施策は数多くあります。

これを〝利用者が喜ぶから〟という理由で実現しようとするインターナルコミュニティマネージャーは残念ながら散見されます。ここから〝上司はわかっていない〟という発言が始まり、ついには事業としてのコミュニティではなく自分自身のコミュニティを作ってしまうのです。そういったスペースでは、ほぼ間違いなく〝インターナルコミュニティマネージャーさんの好きなようにコミュニティ運営やっちゃって〟と上司やクライアントから丸投げされています。インターナルコミュニティマネージャーは、目先の顧客対応に気を取られ、事業としてのコミュニティづくりに取り組まなくなってしまいます。従って、インターナルコミュニティマネージャーの役職設計と育成により自律的なコミュニティを構築してもらう必要があるのです。

次に顧客対応力／採用です。ＪＣＣＯではここを重視しており、私がどうしてもと理事になっていただいたエンスペース（enspace）可野氏の言葉から引用していきます。

顧客対応の基本と採用が関連していることに違和感を覚える方もいらっしゃると存じますが、顧客対応の基本は採用から始まっています。採用時に〝他人軸で物事を考えられる人か〟は大変重要なことです。〝私がこうしたい、こうなりたい〟という自分軸発想しかない人は適正がありません。この適性の見分け方は面接中、会話の中に「〝お客様〟が存在しているかどうか」で見分けられるといいます。素養を持った人の顧客対応力を鍛え上げると、課題解決力や企画力、事業設計力や発信力といった力は付随するものとなります。

顧客対応の基本的な考え方は〝「ＮＯ」と言わずに提案できることを探す〟というものです。コミュニティマネージャーを務めていると〝会場利用料をまけてくれないか〟という相談に直面したことがあるでしょう。杓子定規に考えればできない相談です。設定された値付けの意味がなくなってしまいます。しかし、例えば、共催・協賛にできる道はあるか、他の部分で自社の売上に貢献できることはあるか、といったことを考えてみると、もしかしたら道があるかもしれません。

顧客対応を丁寧に行うと相談相手、自社、他社との関係性の勘定は避けては通れないことになります。よく「今後も定期的に利用させていただくので…」という条件が出てくることもありますが、私は基本的な対応として先払いを重視します。わかりやすい事例では回数券です。10回の1日ドロップイン料金で11回使えるものです。これは自社にとっては10回分の売上を確定させる一方で、利用者はその分お得にスペースを利用できるメリットを受けることができます。もちろんこんなシンプルな形で終わることばかりではないのですが、考え方としてはこういった形式になるでしょう。

営業、プロモーション、財務諸表の理解は、知識のインプットと実践の場数を踏んでもらうことで育成が可能です。特定の業務を任せない限りは、いくらインプットをしても場数が踏めないので付け焼き刃のままの知識になってしまいます。入居面談のクロージング、SNSでの広報発信やスペース掲載サイトへの掲示といった業務をもしエクスターナルコミュニティマネージャーやコミュニティストラテジストがやっている場合は、どんどんインターナルコミュニティマネージャーにやってもらうのが良いでしょう。

起業・企業フェイズの理解、金融基礎知識は学習が必要なスキルです。普通のコワーキングスペースを運営するのであればここまでは必要ありませんが、JCCOが提唱するスペース運営では入居者の事業を加速させることが前提です。これらの知識をアドバイスのように積極的に披露する必要は全くありません（それぞれ専門家がおり、経営者自身が一番自分のビジネスに詳しい）が、会話についていけるレベルの知識を持っていると利用者にとっての良き雑談（ビジネスの話を大いに含む）相手となれるでしょう。知識を身につけたからといって経営者のメンターになれると思ってしまう人がいますが、これには戒めが必要です。

これは私自身、起業家として感じるポイントなのですが、インターナルコミュニティマネージャーに求めていないアドバイスをされると、職場が窮屈に感じます。経営者にとってインターナルコミュニティマネージャーは寮母・寮父のような存在です。取引先に怒られたり、事業がうまくいかなかったりして帰ってきたとき、不要なアドバイスをされたら反抗的になってしまいます。アドバイスがほしいときは「どう思います?」と利用者が自分から聞いてくれます。

より具体的な知識としては、スモールビジネスとスタートアップの違いや各事業ステージ、事業の仮説検証のやり方、口座の開設方法や融資の審査の仕組み、融資と投資の違い、該当分野の公的な相談窓口といった情報を知っておくと良いでしょう。少なくともこれらの事象に出会った際に「私にはわからないから…」と諦めてしまうことはいけません。「知らないので教えてもらえますか?」と訊くのも手ですし、ちょっと調べるだけで様々な情報が出てきます。もしかしたらスペース内に関連書籍が置いてあるかもしれません。育成の際には参考図書を設定するのが良いでしょう。

最後にマネジメントのコツですが、スペース自体の売上、粗利目標の達成、コミュニティスタッフのKDI達成状況、コミュニティ内の課題流通量を総合的に加味した上での評価をしていくと良いです。売上、粗利目標の達成については、問題なくご理解いただけるかと思います。コミュニティスタッフのKDI達成状況、コミュニティ内の課題流通量については、インターナルコミュニティマネージャーの専門分野かつ評価が難しいポイントです。ここは定量的に評価することでコミュニティの方向修正をしていくことができます。本項の冒頭のコミュニティの基礎理解と事業設計部分の徹底力です。顧客対応力以下で取り上げた各スキルは全指標にポジティブに影響します。また、マネジメント側の視点としてコミュニティ内から出てくる課題について注意を払うと良いでしょう。インターナルコミュニティマネージャーが対応不要と判断しているものは合理的であるか、見過ごされている課題がないかをチェックしていくことで、きめ細やかなコミュニティ運営が可能となります。

③　エクスターナルコミュニティマネージャーの育成とマネジメント

エクスターナルコミュニティマネージャーの獲得は2つの手段があります。1つはインターナルコミュニティマネージャーを育成し、徐々に外での活動へ業務内容をシフトさせていくこと。もう1つはスペースのオーナーが元々培ってきたネットワークを駆使して、エクスターナルコミュニティを構築することです。いずれも現場の理解と現場を動かして外部と共創活動へ繋げていく動きが必要です。

これらの人材は次の要件を満たしていることが大切です。

（1）不定形な勤務形態に耐えられること

（２）多様な人々と友好的に接せられること
（３）協業の落としどころを考えられること

（１）不定形な勤務形態に耐えられること

外部とのネットワークを作るためには、夜のイベントやカンファレンスイベント、地道なネットワーキング活動が重要です。そのため結果が出づらい状況にも耐える必要があります。ストレスへの耐性は大切なポイントとなります。

（２）多様な人々と友好的に接せられること

多様な人々との友好的関係を保てることも大切な素養です。自社のことしか考えられず、協業と遠い人を雑に扱う人がままいます。当然、自社や担当者の時間は有限です。協業に近い人に出会うことばかりではないでしょう。協業に近くないからといって悪印象を持たれるような振る舞いはご法度です。会社のブランドイメージを下げたり、個人としての評判が下げたりすると以後の活動に支障をきたします。

（３）協業の落としどころを考えられること

言われればわかるけれど、いざやってみると難しいのが協業の落としどころです。協業の落としどころ、というとスペースを運営する性質上、実証実験やイベント会場費用の協賛がよく相談として持ち込まれます。これらについて自社のメリットをどこで得られるか、という勘所が〝協業の落としどころ〟です。

イベント協賛でよくセットになってくるのが集客の協力依頼です。依頼を受ける側としては集客の難易度に注意を払うと良いです。例えば、インキュベーション施設に持ち込まれる、ベンチャーキャピタルへの相談会やぶっちゃけトーク、これは相性が良く集客の難易度が低いことが考えられます。一方で、利用者の多くがフリーランスである場合、イベントのターゲットと利用者層が異なります。こういったミスマッチが発生していることに気づかず、〝集客はお任せください〟と言ってしまうと、ターゲットが集められず、イベントは盛り上がりに欠けるものになります。また、そもそも論として集客もスペース側が、イベント利用料も無償で、というのは運営側がだいぶ譲歩しています。エクスターナルコミュニティマネージャーがいる場合（多くの場合、役割としてはストラテジスト、役職名では店長、オーナーである）はこのあたりの嗅覚を効かせ〝便利なスペース〟から脱却していくことがビジネス上重要です。例えば、シリーズ物でしたら初回は無償で提供する、全体に対して割引を効かせる、次回以降の利用について割引するなど様々な方法が考えられます。

私の場合、初回取引は満額で支払っていただくケースが多いです。先方の集客の頑張り、イベントの完成度等を見ながら今後の付き合い方を検討します。先に期待値を伝えておくことも重要です。イベント協賛について、何を中心に見ていて、どうなったら協賛側としてイヤなのか伝えます。そうすると、先方が我々の期待に応えるための頑張りも検討材料として価値のあるものとなります。

コミュニティチームに留まらず、チーム全体の努力の上に売上が成り立っています。スペースを空気に使わせるくらいなら運用した方が良いことは間違いありません。しかし、それは簡単に割引を行ったり、エクスターナルコミュニティマネージャーが相手に良い顔をするためであったりしてはいけません。あくまで自分たちの事業にプラスの影響を与え、明日の売上に繋がることを考えるのが大事なのです。

マネジメントで気をつけるべき点は、この〝協業の落としどころ〟を一緒に考えることと評価軸のタイムラインを長めにとることです。まず〝一緒に考える〟というと抽象度が高いですが、マネジメント側としてエクスターナルコミュニティマネージャーに、どこまで権限を与え、何をメリットとするか、がブレないようにするのが大事です。そもそも論としてエクスターナルコミュニティマネージャーの仕事は大変に高度なバランス感覚が要求されます。なぜなら社会関係資本の構築を目指しながら、社会関係資本によりスペース側がコミュニティに対して短期的に損をする、ということをしなければならないからです。創業時の苦しいときを支えてくれたから、利用者が喜ぶから、スペースのブランド力強化に使ってもらえるから、など数々の〝割引する理由〟があります。誰に相談されたか、どんな相談内容か、なぜこのスペースを選んでもらったのか、これらを総合的に勘案するわけです。

エクスターナルコミュニティマネージャーをマネジメントする立場の人は〝なぜ協賛するか〟思考の過程を丁寧に開陳し、エクスターナルコミュニティマネージャーがいちいちお伺いを立てることなく話を整理できるようにする。そうするとストレスも少なく、依頼者との関係を毀損せず、成果を挙げられるようになります。

評価のコツは外部からの相談案件を何件取得しているか、インターナルコミュニティで発生し、コミュニティ内で解決できなかった課題を何件解決できるか、といった点です。いずれも数字を積み重ねていく上でカロリーが高い話です。そのため結果を中心とした振り返りは3カ月～半年ごとに実行するのが良いです。アクションの確認については隔週や月間程度で見ていくとペースメイキングができます。

④ コミュニティストラテジストの育成とマネジメント

最後にコミュニティストラテジストです。コミュニティストラテジストの育成は2つのアプローチがあります。1つはコワーキング以外の事業運営について責任者経験がある人材を育成するアプローチ、もう1つはインターナルコミュニティマネージャーを育成していくアプローチです。

まず事業運営の責任者経験がある方の育成についてです。当初はコミュニティの方針設計やスペース経営についての事業計画策定に戸惑うかもしれませんが、他社事例を学んでもらいながら育成を進めていきます。コミュニティストラテジストの役割にアサインされた人は、しばしば現場のインターナルコミュニティマネージャーに仕事を丸投げしがちです（意外と多い！）が、方針設計・事業計画策定の仕事はスキル的にストラテジストのところへ戻ってきます。また、少なくともロジックのない方針・計画は承認されないわけです。上下から揉まれることでコミュニティストラテジストが育ちます。〝経営目線である〟という役割から逃げない、ということが必要です。従来はコワーキングスペースの開設を意思決定した社長自らが務めることが多かった役割ですが、最近では会社員の立場でのストラテジストも増えてきています。

もう一方のインターナルコミュニティマネージャーからコミュニティストラテジストを育成していく方法を紹介します。現状、インターナルコミュニティマネージャーとコミュニティストラテジストへのキャリアは分断されているといっていいでしょう。ただし、この状況は変わっていくと見ています。現在、インターナルコミュニティマネージャーは垂直型の教育（コミュニティスタッフからのレベルアップとして）を軸として、またコミュニティストラテジストは水平型の教育（既に持っているスキルの横展開）を軸として育成計画を組んでいます。この現状はインターナルコミュニティマネージャーがコミュニティストラテジストへ成熟するのに時間がかかるために、他の事業でスキルをつけ

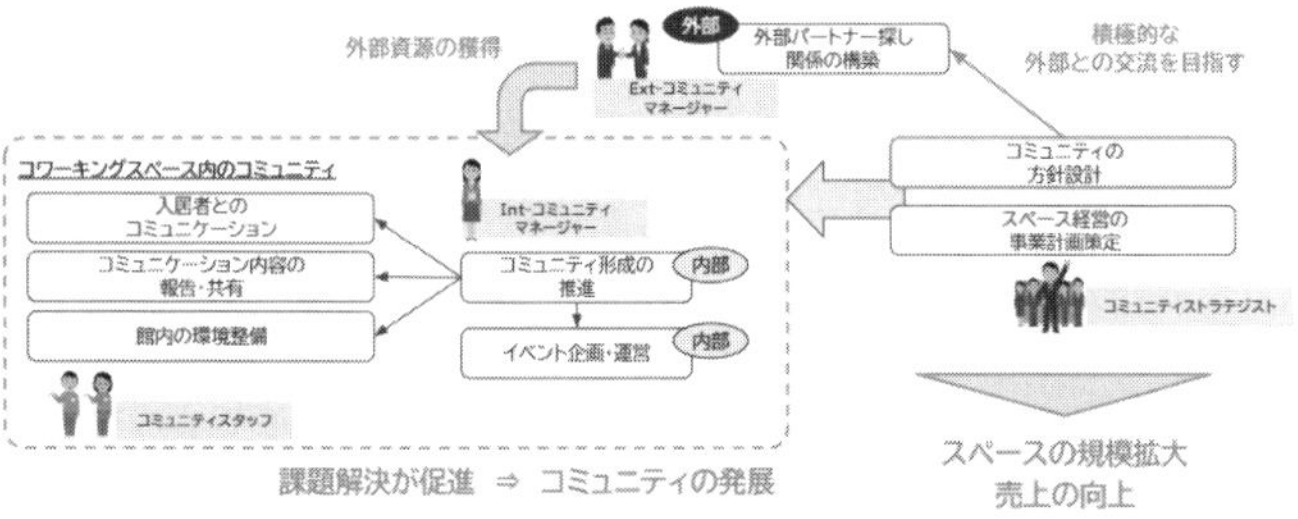

各ポジションの育成を通してコミュニティ形成のシナジーが加速される

たコミュニティストラテジストがアサインされているものと見ています。コミュニティストラテジストは、事業部長級のスキルが必要なため、育成には時間がかかって当然です。JCCOとしては、インターナルコミュニティマネージャーからコミュニティストラテジストへのキャリアアップを迅速にできるように育成プログラムを用意しています。現場目線と経営目線を両立する事業責任者であることが、コワーキングスペースの運営に大変重要であると考えているからです。

もしこれからコミュニティストラテジストを採用するのであれば、コミュニティストラテジストに最も近い職種はエリアマネジメントに携わる方々です。戦略コンサルタントも適職でしょう。

⑤ 人事評価

コミュニティチームの人事評価制度はひとえに〝課題解決

の総量〃で測るのが良いでしょう。先述してきたように社会関係資本の蓄積がコミュニティチームの部署目標であり、最終的な評価は売上で計測可能です。

コミュニティスタッフはコミュニケーションの収集量、インターナルコミュニティマネージャーはコミュニティ内での課題収集と解決量・率、エクスターナルコミュニティマネージャーはコミュニティ外での課題収集と解決量・率、コミュニティストラテジストはエコシステム内での自社コミュニティの課題解決量・率で、評価します。対前年比と比較しながら成長率を見積もるのが良いです。

まだ具体的に何%成長ならすごい、というようなデータは存在していませんが、営業の業界でいうところのザ・モデル（The Model）のようにどんどんサイエンスされていくことでしょう。

⑥ コミュニティマネージャー「としての」キャリア形成

コミュニティチームに対して、キャリア形成のビジョンを見せることもマネジメント上では大切なことですのでここで言及します。

コミュニティマネジメントにおけるキャリアは、現在未開拓のものです。コミュニティマネージャーとして新卒から定年退職を迎えた人は世界のどこにもいません。モデルケースとして参考にできる先人も多くはなく、コミュニティマネージャーに就任する以前に獲得したスキルを活かして特殊なキャリアを歩まれている方が多いことが現状です。ここではなるべく一般的な形で解説いたします。

基本は〝今いるスペースでキャリアアップを図る〟ということが重要です。コミュニティマネージャーとして裁量を発揮できるスペースで新しい業務へのチャレンジ、スキルアップをして市場価値を高めていくことです。サイクルのはじまりは与えられた業務をきちんとこなせることですので、まずはそこを頑張りましょう。一方で、いつまでも定型業務を繰り返さなければならないスペースではキャリア形成は難しいでしょう。多くのコワーキングスペースではコミュニティ形成への解像度が高くないこともあり、前述の〝とりあえずやってみる〟というカルチャーがあるように見えています。それ故、安易な転職ではなく、今いる職場で努力する、ということが大事と考えています。

コミュニティマネージャーには、コワーキングスペースのコミュニティマネージャーとしてのキャリアパス、つまりコワーキングスペースのコミュニティマネージャーとしては、コミュニティスタッフがコミュニティマネージャーになり、コミュニティストラテジストへ成長していくキャリアです。もう一方は、コワーキングスペースのコミュニティマネージャー以外のキャリアパスです。いずれも便利な飛び道具はなくインプットと場数を踏むことがキャリアアップに必要です。

⑦ コミュニティマネージャー「からの」キャリア

コワーキングスペース以外のキャリアパスには大きく次の3つがあります。

（1）他ワークスペースのコミュニティマネージャーとして転職
（2）不動産以外のコミュニティマネージャー（ウェブサービス、人材系など）
（3）街づくりをはじめとしたエリアマネジメント

（1）他のワークスペースのコミュニティマネージャーとして転職する際は、規模の大きさにより必要なスキルセットが異なります。今いるスペースよりも大規模なワークスペースに転職する際は、分業を前提とするなど、より高度なマネジメントに関するスキルが必要になります。より小規模なワークスペースではコミュニティに関するあらゆる業務を担当する可能性が高くなります。スペース運営以外の収益の柱がある場合もあり、その前提知識も獲得していくことが必要です。

（2）不動産以外のコミュニティマネージャーについている名称として、コミュニティマーケターやカスタマーサクセスといった職種があります。
コミュニティマーケターの活動は、顧客間のコミュニティを作り、そこから得た情報をマーケティングに活かしたり、コミュニティを通じて新規顧客を獲得したりすることです。プロダクトやサービスのエヴァンジェリスト施策の構築や、顧客自ら積極的にイベントを開催していただく手助けやオフラインイベントの主催、ＳＮＳでの盛り上げ施策を行います。

カスタマーサクセスの活動は、サービス利用者を中心としたコミュニティ運営です。利用者同士でサービスの利用方法について教え合うことで問い合わせの対応コストを下げたり、ユーザーからのヒアリングを高い解像度で得たりすることができるなど、顧客エンゲージメントを高められます。

(3) 街づくりをはじめとしたエリアマネジメントについては、地域の様々なプレイヤーと繋がるスキルを活用して地域全体の価値を上げる動きをします。従来はデベロッパーにおいて進出地域全体の価値を底上げする役割を指すことが多かったこの職種ですが、近年では行政からの注目も集まっています。行政側から民間側へエリアマネジメントを奨励する働きかけがあり、公園や広場、遊休不動産を活用した事業を行い、その施設の運営マネージャーになるキャリアパスがあります。

■事例【ATOM·ica】アトミカ

全国に30拠点以上のワークスペースを運営しているアトミカの事例を紹介します。急拡大を続けるアトミカですが、当然コミュニティマネージャー人材の育成、配備も急務です。コミュニティマネージャー人材に対してアトミカでは採用・育成・評価と組織構造に工夫があります。

まず採用のテーマは〝頼ったり頼られたりするのが上手な人〟といいます。特に〝他人軸で物事を考えられること〟に重点を置かれているとのことです。後述のエンスペースと同じポイントが指摘されていることは象徴的です。

育成については、アトミカが運営する北九州拠点や宮崎拠点といった既に地域から愛されている拠点でのＯＪＴが特徴です。創業の地である宮崎をはじめとする各拠点は、行政や学校、地元企業との協業が展開されており黒字化も達成されています。こういった拠点で「勝ちグセ」を持ったスタッフが全国各地の拠点で活躍します。評価については拠点（業績）、個人（スキル）、バリュー（スタンス）を評価対象としています。多拠点、拠点同士の距離があるアトミカにとって、アトミカらしさを体現するための取り

ATOMica社の第一号拠点。宮崎拠点。

ATOMicaが各拠点で開催しているMEET@の様子。こういったミートアップも拠点スタッフとバックオフィスとで協力して企画・運営をしている。

組みです。

　また、組織構造については、コミュニティチームが現場に集中してもらうための、バックオフィスの仕組みが特徴的です。マーケティングやイベント企画、人事、総務といった種々の活動をバックオフィスで受けるようにしています。コミュニティマネージャーとして悩むこと、価値のあること、人にしかできないことに注力するための仕組み化を通して、コミュニティマネージャーの価値を最大化しています。

第七章

事業連携・周辺プレイヤーの巻き込み方

〜コミュニティのちからを解き放つ〜

① 事業連携

コミュニティの真髄が発揮されてくるのは、エコシステム内で他のコミュニティや組織とのやり取りが発生してくるタイミングです。企業や自治体、政治といった幅広いプレイヤーと事業連携を通して共創活動をしていくのは、コミュニティマネジメントの醍醐味といえるでしょう。

本章では、コミュニティを活用した協業を実現する歯車を一つひとつ紹介していきます。これから解説することを、次のようにイメージしてください、協業までにはたくさんの歯車を経て最後に協業のランプがつきます。先述した社会関係資本はこれらの歯車に差される油です。コミュニティの構築を通して蓄積した社会関係資本が、本章で触れていく協業までの道のりをスムーズにしてくれます。

事業連携の際に運営者として持っておきたい視点は次の通りです。

（1）ストーリーを作ることができるか
（2）相談者は運営側のメリットを創出することに協力的であるか
（3）運営側のブランドを高めるものかどうか
（4）運営側のオペレーションへの負荷を見積もること
（5）運営側の経済的メリットを想定すること

といったことです。一つずつ解説していきましょう。

（1）ストーリーを作ることができるか

最も重要なことが〝ストーリー〟です。事業提携はここから始まります。なぜやるのか、というストーリーは大変重要です。ストーリーは〝提携を断る〟ときに最も効果を発揮します。持ち込まれる相談は多種多様なので何を通して、何を通さない、似たような話だけれどあの人はＯＫでこの人はダメ、といったことがあるわけです。

そこではなるべく強いストーリーを用意しておきたいものです。ストーリーは次のものを組み合わせると作成できます。

・互いの事業理念
・協業に至るまでの関係性
・互いの事業メリット

この３つの要素が少なければ少ないほど弱く、多ければ多いほど強いストーリーが構築できます。強いストーリーはこの後挙げる視点の核となり原動力となるものです。むしろ、ストーリーを構築するためにこの後の視点があるといっても過言ではありません。

(2) 相談者は運営側のメリットを創出することに協力的であるか

私が最も重要視することはここです。ワークスペース運営をしていて、特にイベント共催を持ちかけられたときのあるある話があります。「イベント会場を協賛（割引、無償提供）してほしい。宣伝していただいてOKなので」というお声がけです。もちろんその通りだ！ということでお受けすることもあります。お受けする場合の多くはこれまでも関係があった相手です。初めての取引先は次の点を質問します。

・どのようなコンテンツか
・何名集客するつもりなのか
・広告費はいくらかけるのか
・イベントの冒頭でこちらが挨拶をしたり、資料を配ったりできるか
・当日のスタッフは相談者が用意するのか

すると、どの程度こちらのメリットを考えてくれているかがわかります。

無意識に「会場はちょっと紹介してあげればタダで貸してもらえる。有名なスペースなら集客も手伝ってもらえる」と思っている人は意外と多いのです。この質問をすると相手はシャキッとしてくれるでしょう（もし「何も考えてないです！」と言われたら、出直しをお願いしたくなります）。特に〝宣伝になります〟系は気をつけています。宣伝にならないイベントなどないからです。

私が関係性の薄い相手に使うのが「では最初に利用料をお支払いください。ご紹介いただいて会員になっていただいたら、紹介料をお支払いします」とお伝えします。信頼関係がまだない場合、取り逸れるリスクを負ってはいけません。

逆に協力的な相手は大歓迎です。たとえ質問のような点について考えを用意していなかったとしても、「どうすれば会場の役に立てますか?」と聞いていただければ、こちらも実現可能かどうかは置いておいて、意見をお出しします。ビジネスのお話しができる、ということですね。

(3) ブランドを高めるものか

ブランドを高めるかどうか、は他の項目に曇らされやすい視点です。特に関係性や経済的メリットによって見えなくなることがあります。長い付き合いなので、ウン百万円のプロジェクトなので、ということでこれまで構築してきたブランドを手放したくなります。

逆に付き合いが短いから、払いが少ないから、といって協業を断るのも問題です。あなたが断った協業は他のどこかが取ります。現在のスペースの状況と、受けた直後、終わってから半年後、といった時系列で物事を考えた判断が重要です。

自社が大切にしている価値観はなにか。周りからどう見られたいか。こういった視点は中長期的にエコシステム内での立ち位置を明確にしていくので非常に大切です。

（4）オペレーションへの負荷を見積もる

連携の際には現場のオペレーションに大小の負荷がかかります。

例えば、イベントの協賛、共催であればスタッフを出してあげたり、サービス導入であれば使い方を教えてマニュアル化したりといった負荷がかかります。負荷の過多によって乗り越えるべきケースと、避けるべきケースがあります。現場の責任者として〝オペレーションが回らなくなった〟ということがないようにする必要があります。特に〝頼まれたら断れないタイプ〟の人は要注意です。よかれと思って受けた結果、最後まで対応しきれずに空中分解してしまうことになります。エコシステム内でコミュニティの価値を発揮していこうとすると、急激に業務量が増えます。コミュニティの価値が弱く、外部に伝わっていないうちは問題ないのですが、外部に価値が伝わっていると大小の協業依頼が大量に持ち込まれます。それまで〝ガンバリズム〟でなんとかしてきていると、急に業務がオーバーフローして対応できなくなります。アルバイトやパートタイムで働く現場スタッフへお願いするのも必要なスキルセット的に厳しくなります。

5件を越えてくるとアシスタントをつけたり、専属のスタッフ（エクスターナルコミュニティマネージャー）を採用したりするのが良いでしょう。

(5)経済的メリットの想定

最後は経済的メリットの想定です。ここは(1)のストーリーがクリアされていればほとんど終わっていますが、念のため。

まだ駆け出しのコミュニティマネージャーは目の前の人の期待に応えようとして、すぐに〝無料で〟と言ってしまいがちです。でもコミュニティマネージャーの給料は自分の会社から支払われているわけで、その活動の結果として給与が支払われています。そのため、いずれは経済的利益を上げられなければ〝会社の金食い虫〟になってしまいます。

コミュニティマネージャーがやるべきことは、会社のリソースを使って良い人になることではなく、会社に利益をもたらすことです。どこかで利益をもたらせる、または損をさせないことを念頭において交渉するのが良いです。

さて、事業連携で抑えるべきポイントを整理してきました。

さらに具体的な話をしますと、私は基本的に〝1回やってみる〟ということにしています。右記の5つのポイントは仮説状態なわけですが、1回やってみるとそれぞれの仮説が検証できます。相手のプロジェクトに対する姿勢、実際に集まった人数、利用者や参加者の反応などリアルな定量、定性データが手に入ります。

仮に失敗したり、継続が難しかったとしても、課題が明確になるのでお互いきれいな別れ方ができます。相談を持ち込む側も〝こちらに損をさせよう〟と思って来ているわけではない人がほとんどです。相談者には相談者なりの〝こちらがメリットを受ける仮説〟があります。失敗した、継続できない場合は、その仮説が外れたことがわかったことになります。仮説段階で断るよりも、検証結果を見てから決めるのがお互い気持ち良いものと考えています。

と、ドライな書き方をしましたが、丁寧な相手には〝こんなに考えてくれてありがとうございます〟という感謝の気持ちと、担当者の顔を潰さないように〝まずは1回〟とやるのが気持ち良いと思うのです。

② 企業・自治体・政治の意思決定構造を理解する

さて、これらのポイントを抑えて各組織とのコミュニケーションについて見ていきましょう。

企業

対企業との事業連携で目指すポイントはシンプルに〝お互い儲かる〟という見立てです。提携することでブランド力が高まる、送客が見込める、顧客満足度が上昇する、といったことが挙げられます。

協業の際に気をつけたいのは相手企業の〝色〟です。旧財閥系、電鉄系のワークスペース運営には1業種1社の雰囲気が見え隠れします。1業種1社というのは一つの会社が複数の競合他社のクライアントを持たないことです。また、商業的かどうか、インキュベーション機能や地域との付き合い方、利用者との接し方やテンションなども協業検討において重要な要素です。

また、担当窓口へ直接アクセスするのが難しい場合は先方の主催するイベントに行ったり、カンファレンスに参加したりすると遭遇できます。

自治体

自治体との事業連携はトップと担当者のやる気がポイントです。運営側から動くときは最終的には首長に認めてもらう必要があります。自治体職員の方による内部での情報エスカレーションにせよ、外部のコンサルティング会社による紹介にせよ、首長にアクセスできないと何も始まりません。

一方で、首長にアクセスできたとしても職員の方の心も掴む必要があります。では認めてもらう、心を掴む、といったことは具体的に何をすれば良いのか。抑えるべきポイントは自治体の基本計画と国の政策です。国の政策は膨大ですので自治体の基本計画から見ていくのがお勧めです。ネットで検索すればＰＤＦの膨大な資料が出てきますが、自社の領域に絞ってみるとそれほど多くはないはずです。産業振興関連を見ておくのがよいでしょう。

国、都道府県、市区町村、またその規模によって自らの権限で決定できることと、より上位の単位で決まり配分されている予算とがあります。そういった予算はそもそも割り振られているものや、我々民間が活用可能な補助金のように自治体が主体となって申請・審査を経ることで使えるものがあります。自治体発のワークスペースを作るときはぜひ参考にしてください。代表的なものには内閣府地方創生推進事務局のデジタル田園都市国家構想交付金があります（2024年現在）。

これらの各種基本計画や交付金の存在を抑えた提案をすることで〝わかっている感〟を出すことも大切なことです。

また、もう一つ重要なことが、仕様書作成のプロセスに入り込むことです。公募の際には仕様書という行政側からのお題が出されます。そのお題を作る側に回るための取り組みを行うことも大切です。ただし、お題を作る側へ回るルートは厳しいものです。

まだ行政の計画が始まる前から信頼関係を構築することが必要です。総務省の事業である地域力創造アドバイザー制度に登録されることなどを通して、なるべく早い段階でのタッチを行うことが大切です。

政治

政治との距離感についてです。もし自治体の力を活用するとなると避けては通れないと考えています。先述した首長も選挙によって選ばれています。また、議会は自治体の意志を決定する機能及び執行機関を監視する機能を担います。この機能は事業活動に大きな影響を与えます。

まずは守りの関係についてです。コワーキングに限らずですが、議会（議員）から予算配分や発注業者の是非を問われるケースは多々あります。代表的なものに、地方にある自治体が東京の企業に事業を発注していることに対して地元企業への発注圧力があります。予算の出処にもよるのですが、地元企業への発注は地域の産業振興の観点から有意義ですし、議員にとっては集票に影響します。ここで答弁を行う自治体職員に適切な武器を渡すことが必要です。武器、とはなにかといえば数字です。例えば、起業家育成機能について何らかの契約を自治体と行っている場合、実際に起業した数（KGI）や起業数を増やすことに結びつく指標（KPI）、何をどの程度行ったか（KDI）を正しく渡すことです。契約の際の仕様書にはこれらの報告内容が定義されていないことがありますが、必ず記録・提出すべきです。なぜならば、自治体予算は様々な事業者が取りたいと考えています。そしてそれらの業者も大なり小なりロビイング活動を行っています。「地元企業へ発注するべきではないか」「現在の事業者で良いのか」といった議会からの追求に対して説明するために〝数字で話す〟ということは適切な防御策となります。

一方で、攻めの関係についてです。攻めの関係性を築くには議員との繋がりは欠かせません。既存の事業者との違いを明らかにし、比較検討してもらうことです。ただし言うは易く行うは難しです。

議員という職業の方々は自治体を、国をより良くしていくための強い意志を持っています。なので〝仲良くなれば便宜を図ってもらえる〟というような甘い考えを持ってはいけません。誠意を以て自分たちをアピールし、公益に資することを示すことが大切です。うまく事業が獲得できた際は、もちろん成果を挙げる必要があります。もし成果が挙げられなければ〝利益誘導〟〝お友達政治〟のレッテルを貼られてしまいます。それは議員の顔も潰しますし、何より自社のブランド価値も下げてしまいます。

ちなみに、自社の事業領域に関心がある議員を探す際は議会議事録を検索すると良いです。各自治体の議会議事録はネットに公開されていることが多いですし、議会事務局に問い合わせても良いでしょう。

自社にとってではなく、利用者のために、地域の事業を盛り上げるためのロビイング活動もあり得ます。

例えば、地域にとって起業支援を行っているスペースでしたら、起業家から補助金や各種起業・企業支援施策のフィードバックを集めて提言をするのも地域のためになります。補助金の獲得のために議員の力を使うのは倫理的にNGとされています（議員に見返りとして金品を渡すのは犯罪です）。ただし、公益に資する形で支援施策への提言、具体的には現状の制度の使いにくさ、こうすれば使いやすくなって皆がハッピーになりますよ、という提言は積極的にしていくべきです。

ＪＣＣＯの理念では、こうした政策提言をコミュニティマネージャーが積極的に実施することを想定しています。それは、海外では当たり前のように取り組まれていることです。日本の産業振興がさらに盛り上がるためにはこういった政治との協業が必須となるでしょう。

自らが運営するスペースがある地域が盛り上がることは自社の繁栄にも繋がります。自治体、政治の力を借りて事業を伸ばす際は損得を超えた覚悟を持って臨みましょう。

③ 各団体のキーマンを抑える

次は各団体のキーマンを抑えることについてです。各団体のキーマンを抑えるためにはまずキーマンが誰なのか、を把握することが必要です。役職者、役職についていない隠れキーマン、顔が広い人（ネットワーカー）に分類して考えるとわかりやすいです。

この3者の中で最初にアクセスすべきはネットワーカーです。ネットワーカーの気質は概して気さくです。新参者として入っていく場合、ネットワーカーがあなたをコミュニティの中の人に繋いでくれます。

ネットワーカーはイベントをよく主催します。1件あたりのマッチングを実施するよりも、楽しい場を用意してそこに来た人達を繋げる方が圧倒的にリスクが低く、高効率だからです。まずはイベントに参加し、ネットワーカーの信頼を得ることが重要です。

また、ネットワーカーに名指しのお繋ぎを依頼する際は「○○さんと繋がりたいのですが、今度イベントにいらっしゃったりしませんか？」といった繋がり方で、なるべくネットワーカーが普段行っている活動に寄せるのが良いです。というのも〝直接繋ぐ〟ことはネットワーカーにとって、自身の信用の切り売りになるため大変リスクが高いことです。もしマッチング希望者が相手に合わなかったらディレクションがうまくできなかったことになりますし、最悪無礼を働かれたりしたら自分の顔が潰れてしまいます。なので、繋がる方法はネットワーカーに合わせるのが良いです。逆にネットワーカーからイベントへのお誘いがある場合は積極的に行ってみると良いです。誰か紹介したい人がいるかもしれませんし、偶発的な出会いがあるかもしれません。

ネットワーカーからの信頼が得られたら、次は隠れキーマンを探す旅が始まります。隠れキーマンは文字通り隠れているので、ネットワーカーからの紹介を頼りに繋がっていくのが常套手段です。ただし、キーマンに近づくにつれて、明確なアジェンダや自身が紹介に足る人材であることを証明していかなければなりません。明確なアジェンダがない場合は、やはり隠れキーマンがよく顔を出しているイベントに参加するのが手っ取り早いでしょう。役職についていない隠れキーマンに会うことができたら、役職者の、つまり組織の悩みについてそれとなくヒアリングを行うのが良いです。役職者が役職者として目の前に現れるチャンスはそう多くありません。隠れキーマンから役職者が気にするポイントをヒアリングし、提案内容の充足に務めましょう。

最後に会うのが役職者です。役職者が出てくる際には話の大枠はそれとなく隠れキーマンが握れている、という状況が望ましいです。隠れキーマンが自社や自分の得意分野を理解し、紹介してもらえるとその後の相談がスムーズになります。隠れキーマンから得たポイントを抑えて協業に結びつけましょう。

これらそれぞれの役割を担う人たちと接する上で重要なことが〝恩の売り時〟を意識することです。こちらの都合でなにかお願いすると〝借り〟が作られます。一方で、先方が困っているときになにか手を差し伸べれば〝貸し〟が作れます。貸し借りの感覚は、コミュニティマネジメントに携わるのであれば絶対に押さえておくべきです。

最も〝貸し〟を作ることができる機会が多いのがネットワーカーです。イベントの参加者が少ないときに行く、ラフな紹介を引き受けるといった行動をしていくと〝貸し〟が溜まっていきます。隠れキーマンへは情報提供で〝貸し〟を作ります。協業先の組織内部へ入っていく段階ですので、隠れキーマンが組織内で〝有能な人材である〟ということを示すことで、隠れキーマンの地位がさらに上がります。こちらの都合も通してくれやすくなります。隠れキーマンが〝この協業には価値がある〟と考えてくれることで話が進むわけです。〝価値〟とは隠れキーマンの社内評価を上げることです。

最後の役職者へは成果で〝貸し〟を作ります。契約後、協業を通して成果を作ることで役職者の顔を立てる、出世に貢献すること。結果は隠れキーマンと同じものですが、役職者へは情報提供だけでの価値創出は難しいです。

また、〝貸し〟つまり恩には売り時があります。相手が困っているときをめがけて、貸しを作ることはより効率的、効果的です。逆にこちらが困っているときに助けてもらうためにも、普段から周りで困っている情報に耳を立てて〝貸し〟を作れる機会を伺うのが良いです。

④ 主催・共催・協賛・後援の違いと考え方

さて、ここでスペースを運営していると頻繁に出てくる具体的な協業について紹介します。イベントの割引を求められるときに、主催・共催・協賛・後援の4つがよく出てきます。これらについて理解を深めましょう。まず、言葉の定義自体は次の通りになります。

主催：自社が企画・運営・費用負担を行う。収益は自社が中心となって協力者へ配分する。
共催：自社を含む複数社や個人が共同で企画・運営・費用負担を行う。主催者から予め決められた割合で収益が配分される形式。
協賛：自社を含まない複数社や個人が企画・運営・費用負担を行う。主催者からの求めに応じて費用を負担する。

後援：自社を含まない複数社や個人が企画・運営・費用負担を行う。名前だけを貸す。

　ここでよくよく注意したいことが共催、協賛です。本章・事業連携について②項でご紹介したように次の点がポイントです。

・企画内容
・集客
・協賛内容

　共催でしたら企画から運営に関わるコストを見積もらねばならなくなります。仮にそのコストが大きくなっても、少なくなっても負担せねばなりません。また、失敗した際の責任は直接的なものです。同時に成功した場合の利益も直接手にすることができます。

　協賛でしたらコスト負担が最初から見積もられている以上になることは稀です。また、企画が失敗しても責任を被る必要はないです。一方、成功した際の利益については、直接的、間接的に次のように整理できます。直接的な利益はイベントにおいて様々に優遇してもらえます。例えば、協賛者として参加者へ紹介、自社製品・サービスのオフィシャルな営業機会の提供、運営者による、自社が紹介してほしい相手との引き合わせなどです。間接的には自社ブランドの認知、ブランド価値の向上です。協賛者としてＳＮＳをはじめとしたメディアに投稿したり、営業資料に載せたりできます。露出の機会を増やしていくことで一度の協賛でもどんどん擦って価値を最大化できます。

関わることで失敗した際に自社が傷つくリスクを回避し、成功した際に「御社のお陰です!」と言ってもらえるようなラインを見極め、狙っていくことがコミュニティ運営には必要です。

⑤ 未来において地域で果たす役割をイメージする

コミュニティや組織間での立ち居振る舞いがエコシステム内での役割、立ち位置が決められていきます。

自社の事業計画を照らし合わせながら、エコシステム内に何を供給するのか、また何を提供してもらうのかを設計していくこと。これこそコミュニティマネジメントにおいて最も重要で、やりがいがあり、事業価値を高める取り組みといえるでしょう。

■事例【enspace】エンスペース(※25)

エンスペースは2018年の開業以来、仙台市のスタートアップシーンへ積極的な協賛を繰り広げています。代表的なものでは、東北グロースアクセラレーター(Tohoku Growth Accelerator)、グ

注(※25) enspace 宮城県仙台市青葉区国分町1丁目4-9 enspace
https://www.enspace.work/

左・右下：スタートアップ関連のイベントで活躍するenspaceインターン生
右上：モデレーターを務める可野氏（左端）

ローバルラボ仙台（Global Lab Sendai）、はじめてのIT勉強会、クロステックイノベーション（X-tech Innovation）といったプログラムへ会場やスタッフの人員提供などを行ってきました。私自身は2019年2月に入居したのですが、当時はまだ「東京の会社が大きなコワーキングスペースを始めた」という話を耳にするくらいでした。そこからコミュニティチームの精力的な活動により徐々に利用者が増え、また地域の信頼を獲得した結果、現在では〝仙台の起業家に出会うならエンスペース〟という評判が立つまでになりました。また、仙台は東北のハブでもあるため、東北地域全体をマーケットとした企業が東北支店として入居しています。仙台駅から公共交通機関で10分程度のエリアながらも、まちづくりの活動にも積極的に参加し、地域活性化にも貢献しています。そのような地域エコシステムへの長年の貢献がビジネスに必ず良い影響をもたらします。

エンスペースのイベントサポートは受付対応、ゲスト誘導など様々。イベント慣れしたスタッフは自律的に動いてくれます。コミュニティマネージャーの可野氏は、スタートアップ関連のイベントにて司会を務めることもしばしばです。

第八章

選ばれるコワーキングスペースになるために

本章では選ばれるコワーキングスペースになるポイントを紹介していきます。

世界で300拠点以上のコワーキングスペースを訪問した私のところには「どこのコワーキングがお勧め?」という質問が届きます。本当に様々な観点があるのですが、ここでは一部を紹介していきます。これらの要素をどこまで徹底する必要があるかは、どの程度の席数を埋めなければならないか、によることが多いです。5席のコワーキングスペースと100席のコワーキングスペースでは考えなければならないことが異なりますが、ここでは一般的なものをご紹介していきます。

① 24時間365日アクセス

グローバルな調査で「コワーキングスペースに求めるものはなんですか?」という質問でほぼ1位になるのがこの項目です。これはシンプルに〝24時間365日自分の好きな時間で働きたい〟というよりも、むしろ何かトラブルが発生した際にアクセスできないことが困る、といったニーズを含みます。急な忘れ物やどうしても土日までに仕上げなければならない仕事などが発生した場合に、アクセスできないオフィスに不便さを感じるということでしょう。

また、セキュリティ上の課題も見えます。24時間365日アクセスができないところはオープンスペースのみで鍵付きの部屋がないケースが多いため、スペースの規模感が小さい、運営者のビジネス感度が高くなさそうだと感じられることも一つの要因でしょう。また、このニーズを満たすために、スマートキーの設定や受付に利用者がアクセスできないようにするなど、ハード面でも整備が必要となります。

② コワーキングスペースは銀行口座が作れない？

コワーキングスペースを初めて利用される方々から多い問い合わせが登記と銀行口座の開設です。銀行口座の開設は審査制です。審査の対象は様々あり、まずは代表の経歴や実績（犯罪歴や個人の信用情報）、事業の明瞭さ、資本金の額、事業の実態を総合的に審査されます。また、審査基準も銀行ごとに異なります。

このうちの一つ、事業の実態性の部分がコワーキングやバーチャルオフィスでは銀行口座が作れない話に引っかかってきます。審査の中で法人住所に調査をされることがあるそうです。その際、重要なのが、ポスト法人名があること、会社のロゴや社名が外から見える状態になっていることです。法人名が見当たらずそこで本当に事業を行っているのか銀行担当者が判断できない場合、審査に不利に働きます。バーチャルオフィスそのものも、そしてシェアオフィスやコワーキングといった複数の法人が同じ事務所を共有することもだんだんと市場に膾炙してきました。コワーキングスペースだからという理由だけで銀行口座が開設できないということはありません。ただし、顧客対応としては「他に利用されている方々は口座開設できてますよ」くらいにしておくのが無難でしょう。結局のところは、開設しようとしている銀行側の審査次第となります。口座の申し込み者の過去支払状況をはじめとした信用情報はこちらではわかりかねることです。

③意外と利用者は見ている「清潔感」

どんなにスタイリッシュなコワーキングスペースでも、良いコミュニティのあるコワーキングスペースは雑然としてくるものです。冷蔵庫の中に物が増えることは、利用者が長く滞在できるスペースであることの表れです。備品が多いスペースは、利用者のニーズに応えていることを示しています。チラシの多いスペースは、外部の組織と積極的にコミュニケーションを取っているからこそです。頑張るスペースは雑然としてくる、そういうものです。

一方で、水回りなど汚れやすい場所は清潔に保たれている必要があります。清掃の頻度や徹底ぶりについてはよく気を配る必要があります。

ところです。

④ 1日8時間を過ごす〝職場〟としての機能をチェック

コワーキングスペースは、多くの場合1日8時間を過ごす場所なので、次の点は確認しておきたいところです。

椅子・机の相性

椅子・机は重要です。金額が高ければ良いというものでもなく、利用者は〝そもそも椅子・机にお金をかける発想があるか〟〝自分に合う椅子はあるか〟〝机のサイズは作業に十分か〟を見ています。まず椅子にお金をかける発想がないスペースだと、公民館にあるようなペナペナのスタッキングチェアが使われています。これが作業椅子だと長時間の作業を行うことは厳しいです。1日8時間を過ごす場所として疲れの少ない椅子が必要です。よく見るオフィスチェアは1脚あたり数万円から高いもので30万円弱程度しますが、最終的には利用者の好みで決まることも多いので、複数の種類を組み合わせても良いです。

机のサイズは作業に十分な広さがあることが望ましいでしょう。カフェが競合となる、という話をよく耳にしますがカフェの机は60×60㎝以下であることが多いです。机のサイズは60×90㎝以上は欲しいところです。

また、机や椅子は複数の種類があると利用者が気分に応じて場所を変えられたり、お気に入りのスペースを見つけたりすることに役立ちます。

Wi-Fiのスピード、安定性

Wi-Fiのスピード、安定性は仕事に直結します。〝このスピードが出ていれば良い！〟という基準は日進月歩で速くなっていきますが70Mbps程度が出ていれば問題ないでしょう。120Mbps程度で〝おっ、速いな〟くらい、200Mbps前後では〝速いですね、何使ってますか？〟と訊きたくなります。

Wi-Fiのスピードや安定性は多くの物事の影響を受けます。施設内のコンクリートはWi-Fiを吸収する性質を持ちますし、プロバイダが問題なくてもルーターやアクセスポイントが古いと最大速度が出ないなど、私もいつも試行錯誤しています。最も困ったことは、利用者の方がWi-Fiに接続できないのに、運営側は問題なく接続できたときです。このときはなんと同時接続制限が自動的にかかっていました。たくさんの人が同時にWi-Fiに接続したため、セキュリティが発動されたとのことでした。こういったトラブルに対応いただく上でも業者の方々との信頼関係構築は重要です。

また、自治体のコワーキングスペースでは地域のフリーWi-Fiを活用しようという事例がありますが、コワーキングスペースにおいては独自のWi-Fiを入れるべきです。暗号化されていないネットワークは全く仕事に向いておらず、作業場所として不適切です。Wi-Fiに繋ぐこと自体が情報漏洩やウィルス感染のリスクがある上、作業に必要なスピードが出ないため地域のフリーWi-Fiを活用するのは避けましょう。

冷暖房設備

建物自体の築年数によっては、冷暖房が集中コントロール（防災センターや管理人室などでの操作）となっていることがあります。その場合、利用者に対して提供可能な冷暖房の手段を提供できるかは気になるポイントです。もちろん居室でエアコン操作ができることが一番です。仮に居室でエアコン操作ができない場合でも、扇風機やひざ掛けを使って利用者が温度調節をできるようにする工夫が必要でしょう。

セキュリティ

コワーキングにおけるセキュリティは弱みとして語られるところです。基本的には利用者のセキュリティリテラシーに合わせ、また不安感に対して解消の方法をお伝えする姿勢が重要です。のぞき見防止フィルムをPCのディスプレイに設置すること、離席時には画面をロックすること、重要な書類は鍵付きのロッカーに保管すること、貴重品は身につけること、コピー機の中に印刷物を残さないように気をつけること、といった基本的なセキュリティに関する知識を運営側が持っておくことが必要です。

コワーキングではセキュリティ意識はお互い様ですので、そういったトラブルは耳にしたことはありません。一方で、大事な電話やオンラインミーティングは会議室を使ったり、居室から出て人がいないところで通話したりする、といった配慮は必要でしょう。個室のあるなしや防音性によって、各々のコワーキングスペースでは実現不可能なセキュリティレベルは存在するため、そういった基準を持つ企業を追いかけないことも大切です。伝統的大企業では過去に盗聴やなりすましなど産業スパイに遭ってきた歴史もあり、セキュリティとリスクの考え方、スタンスは企業によって異なります。

スタッフの雰囲気

スタッフの雰囲気も大切な要素です。良いコワーキングではスタッフの教育がきちんとしているため、挨拶がしっかりしていたり、笑顔で対応してくれたりします。

特に受付スタッフのコミュニケーションレベルは、ワークスペースでの人材採用、育成、顧客対応姿勢が顕著に出ます。受付スタッフのコミュニケーションレベルが低いスペースは、

（1）コミュニティマネージャーのスペース内滞在時間が長く、コミュニティマネージャーの業務範囲が広いケース

（2）コミュニティ形成に力を入れていないケース（コミュニティ形成に力を入れていないので顧客対応機会が少なくレベルが上がらない）

といった傾向があります。前者の場合はコミュニティマネージャーの能力次第で、コミュニティが発揮できる能力の上限が決まります。

⑤イベントはスペースの雰囲気を知る大切な要素

コワーキングスペースでのイベントは、利用者にとってスペースの雰囲気を知る一つの大きな要素です。ミートアップ、ビジネスセミナー、季節のイベントといった、様々なイベントがスペースの雰囲気を作っていきます。特にスペースに限りがあり、ワークスペースとイベントスペースが重複する際は開催するイベントの色がスペースの色に強く影響します。

イベントには次の種類があります。

（1）ミートアップ系…交流を主目的にするイベントです。参加者、時間帯、コストについて自由度が高いことが特徴です。ミートアップの成否は〝期待値のコントロール〟です。仕事の時間を割く場合、別の場所から足を運んで来てもらう場合は期待値が高くなります。ここでいう期待値を想像していくと、新しい人と出会うだけでなく、自分の学びになったり、仕事に繋がったりしそうな人がいることを期待するものです。参加者がふらっと来てふらっと帰れたり、新しい人を運営側が呼んできたりするなど参加者が支払うコストを下げ、〝寄って良かったな〟と思えるように少しずつ力を入れていくことが重要です。

（2）セミナー系…情報伝達を主目的とするイベントです。利用者だけでなく外部の参加者も受け入れることが多く、ほとんどの場合において時間帯は夜に開催されます。行政からの委託を受けているスペースなどでは、起業や経営支援を中心としたセミナーが開かれることが必須の要件になっている場合もあります。国内のほとんどのワークスペースではそもそもの入居企業が多くはないこともあり、参加者を担保するためには外部への声がけが必要なことがあります。〝なかなか人が集まらない〟という悩みを持つスペースも多いのですが、直接来てくれそうな人へ声をかけていくといった地道な活動が大切です。

（3）装飾系…正月やひな祭り、クリスマスなど特に参加者など設定せず、館内での装飾を行うものです。利用者とのコミュニケーションのきっかけとなることや、スペースの賑わいに貢献します。現場のスタッフのセンスや、そもそもこういったことにモチベーションを感じるかという点も重要です。

無理にやらせてもあまりうまくいかないので、重視する場合は採用段階で確認することが必要です。

（4）レクリエーション系…ミートアップよりも楽しいイベントであることを重要視します。ミートアップが新しい人との出会いという機能的価値を重視するのに対して、情緒的価値が中心となります。〝楽しさ〟の演出には時間やお金といったコストが必要になるため、大掛かりなものになりますが、

レクリエーションイベントの例（enspace）

仙台七夕花火を屋上で見る会。スタッフは浴衣姿でかち割り氷で冷やしたドリンクや出店フードを提供。夏を楽しんだ。

コロナ禍でオリンピックの順延など明るいニュースが少ない中で開催されたスポーツイベント。毎年行う入居者感謝企画の一貫でもあった。

利用者との思い出はかけがえのないものとなります。

イベントスケジュールの考え方

初めてのコミュニティマネージャーが躓きがちなことが、イベントのスケジュールです。特に行政の受託案件などで発生します。スケジュールを組むときはうまくいくように見えても、実際にやってみると無理や無茶がでてきて現場が疲弊します。特に〝集客対象が複数のイベントで被っている〟、〝アレンジが効かせづらいワンオフイベント〟、スタッフの体力や運営の人件費が度外視されている、といったケースがよく見られます。

左に〝継続が難しいイベント構成のイメージ〟と〝継続がしやすいイベント構成のイメージ〟を掲載しています。見比べてみましょう。〝継続が難しいイベント構成のイメージ〟では全てのイベントで入居者、外部の両方に向けたイベントとなっています。また、セミナーが3回ありますが、A、B、Cとありこれは全て異なる種類のセミナーを示しています。朝活が週3回あり、夜のイベントは月に3回あります。

一方で継続がしやすいイベント構成のイメージは対象が分散しており、朝のイベントも夜のイベントも比較的少なめです。セミナーは種類が1つになっています。見た目がスカスカでちょっとこのスケジュールを出すことは気が引けてしまうかもしれませんね。では、より細かなポイントを抑えてい

継続が難しいイベント構成のイメージ

		月	火	水	木	金	土	日
第一週	朝	朝活(X)		朝活(X)		朝活(X)		
	昼			ランチ会(X)			セミナーA(X)	
	夜					夜飲み(X)		
第二週	朝	朝活(X)		朝活(X)		朝活(X)		
	昼							
	夜		セミナー(X)					
第三週	朝	朝活(X)		朝活(X)		朝活(X)		
	昼			ランチ会(X)			セミナーB(X)	
	夜							
第四週	朝	朝活(X)		朝活(X)		朝活(X)		
	昼			ランチ会(X)				
	夜				セミナーC(X)			

★：入居者向け
○：外部向け
X：両方向け

継続がしやすいイベント構成のイメージ

		月	火	水	木	金	土	日
第一週	朝	朝活(★)						
	昼			ランチ会(X)				
	夜							
第二週	朝	朝活(★)						
	昼							
	夜				セミナーA(○)			
第三週	朝	朝活(★)						
	昼			ランチ会(X)				
	夜							
第四週	朝	朝活(★)						
	昼							
	夜				セミナーA(○)			

★：入居者向け
○：外部向け
X：両方向け

きます。

（1）集客対象が被っている

これは集客対象への解像度が低いために発生します。また、誰かを排除する必要もないし、全部が集客対象です、と言った方がよいような根性論で出てきます。しかし現場スタッフへのKDIまで考えるとどうでしょう。〝継続が難しいイベント構成のイメージ〟では、なんと月間20件も同じ人へイベントのお誘いをしなければなりません。誘う側の立場に立っても誘われる側の立場になっても、途方もない負担です。そうなると現場は直接のお誘いをしなくなります。せっかく現場で構築した人間関係が破壊されてしまうからです。このような状態では参加者がまるで増えない状態が続きます。イベントに来てもらうための最高効率の方法は直接のお誘いですので、この効果を最大限発揮するために、〝積極的にお誘いする人〟と〝積極的にお誘いしない人〟の共通認識をチームで持っておくことが重要です。

少し話は脱線しますが、「入居者がイベントに参加してくれない」という悩みを聞くことがあります。まずやることは入居者の興味関心、生活リズム、そもそもの入居者数を確認することから始めましょう。イベントが入居者の興味関心に合っていない、生活リズムと外れている、そもそもの入居者数が少なすぎるといったケースで多く発生します。入居者だからイベントに参加してくれる、というのは甘い考えです。入居者には日々の生活があり、そもそも仕事をしに来ているわけで、イベントに参加するためにワークスペースに来ているのではないのです。入居者にも、現場チームにも変なプレッシャーを与えないことが肝要です。

絶対に入居企業にイベントへ参加してほしい！　という方のために、ポルトガルのフレキシブルオフィス、ユーピーテック（※26）を紹介します。ユーピーテックは日本でいうところの筑波研究学園都市内にある公的なフレキシブルオフィスです。EUの資金援助を受けて設立され、ポルトガルの産業活性化を目的としています。研究開発に関連するスタートアップや大学発ベンチャー、そして研究施設を使う企業が拠点を構えています。大学が関連しているベンチャーなら技術シーズを使っていない、広告代理店などの企業も入居できます。ユーピーテックの運営チームは入居企業の事業状況を毎年調査しています。どのようなイノベーションを起こしているか、ユーピーテックのコミュニティとどのような相互作用を生む可能性があるか、大学への協力度合いを総合的に調査するものです。この調査がなぜ行われるかと

コミュニケーション及びサステナビリティ担当部長Isabelさん。

注（※26）　UPTEC ポルトガル R. Alfredo Allen n.º 455 461, 4200-135 Porto
https://uptec.up.pt/

UPTECのエントランスにあるポスター。ビジネス色の強さはEUからの資金援助によるもの。多くの国々の意志決定者を抱えるEUからの投資は結果がシビアに求められている。

いうと、ユーピーテックの賃料が毎年変動するからです。事業状況の調査を通して、その企業の契約形態（住所登記利用、ワークスペース利用、個室利用）と企業ステージ、コミュニティへの参画具合（もちろんイベントの出席状況も）が総合的に評価され、1㎡あたりの賃料が決定されます。

また、ユーピーテックは2年毎に入居企業が経済に対してどの程度の影響を与えているか分析しています。2021年のデータではポルトガルの国内総生産（GDP）に3億2400万ユーロの影響を与え、8600人の雇用を生み出し、2億2000万ユーロの給与を支払い、税収は4840万ユーロが納められました。ユーピーテックではコミュニティへの参画と経済性の両面から入居企業と向き合っており、直接的な経済インパクトを創出していくことを目指しています。

このようにコミュニティへの参画具合を賃料と連動させ

る、というのは大変理にかなっているアプローチと考えます。逆に、入居企業へのコミュニティ参画はそれだけの価値があることなのです。

（２）アレンジが効かせづらいワンオフイベント

ワンオフイベントは企画コストがとても高いです。ターゲットを絞ったらどこか一部を変えるだけで何度やっても飽きない、同じイベントではない感じを出し、更に繰り返しのスケジュールを定めることでいつやるかを考える、という企画コストを削減します。まずは大テーマがずっと同じで小テーマだけ変える方法を紹介します。大テーマとして〝街の盛り上げ方を考えよう！〟というものを設定して、小テーマとして〝駅の西口周辺〟というエリアを指定してみます。こうすると次は東口でその次は南口で…とテーマを考えることが簡単です。同じ考え方を応用して、セミナーなどで登壇者だけを変える、という方法もあります。大テーマとして若手起業家の話を聞こう！というものを設定したとしましょう。そうしたら毎度違う若手起業家を呼べばいいだけです。しかも登壇者へのコミュニケーションは定型化することができ、前の登壇者の動画などを撮影しておけば当日のイメージも共有できます。

季節性のイベントも有効です。ワンオフイベントに見えますが企画コストがかなり低いです。これまでの人生の中で経験があることが多く、そのためイベントのイメージもつきやすいです。また、同じことを何度もやったとしても季節の催しは〝お決まり〟を行うことにこそ意味があるのでアレンジも考えなくて良いからです。

（3）スタッフの体力や運営の人件費が度外視されている

〝継続が難しいイベント構成のイメージ〟を見ると、朝も夜も休日にもイベントが入っています。（2）で紹介した〝繰り返しのスケジュールを定める〟を活用していくと、どんどんイベントが増えていく、という事態に陥ることも。これではスタッフが朝から晩まで働くことになります。コミュニケーション疲れを引き起こしてしまい、離職の原因にもなるので注意が必要です。年間スケジュールに追加してイベントが開催される可能性がある場合は特に注意が必要です。

イベントについては第五章⑤も参考にしてください。

⑥利用者に理解していただくべきコワーキングスペースでの振る舞い方

スペースで何かトラブルが起こったときや、リクエストにどう対応しているかは、しっかり利用者に見られています。自社の考え方が相手に伝わり、考えと行動が一致するように振る舞うことが大切です。スペースのグランドルールとして〝挑戦者を応援する〟〝長く入居している人を優先する〟〝定品質のサービスを提供し続ける〟といった様々な考え方があります。コミュニティ運営をしていくうえでその思想を随所で表現し、コワーキングスペース内での振る舞い方を伝える必要があります。

まず、〝お互い様の精神〟はコワーキングスペースを利用する上で重要です。入居者はそれぞれ違うビジネスをしており、事業規模も異なり、生活リズムも違います。そしてスペースをシェアしている以上、思い通りにいかないこともあります。

例えば、フリーデスクにおいて自分のお気に入りの席が既に誰かが使っていることがあったり、誰かのミーティングの声が大きかったり。こういったことに〝お互い様の精神〟を持ってもらうことが大切です。相互理解を進める上では利用者同士のネットワーキングが重要です。

何かトラブルが発生しそうなときはスタッフに声をかけてもらうようにすべきです。コミュニケーションのプロとして問題解決にチャレンジしていきましょう。利用者同士に課題解決を任せてしまおうとすると、スペースの運営者としての信頼性を著しく損ないます。

最後にルールと好意を分けて伝えることが大切です。ワークスペースには様々なルールがありますが、利用者に合わせて変化していくものです。

利用者数が少ない頃は1人で何人分もの机を専有していても何も言わないかもしれませんが、利用者が増えてくると席を空けてもらう必要も出てきます。どこからどこまでがルールで、どこからが好意で許可しているのか、またその線引きはわかりやすくなっているのかを意識するのは大切なことです。こちらの好意に対して〝前は大丈夫だった〟と意見されることがあるかもしれません。それは運営者側の好意がいつの間にか、ルール化してしまっている状況です。コミュニケーションで解決できる問題なのできっちり分けていきましょう。

⑦利用者の潜在ニーズに働きかける「ウェルビーイングとコミュニティ」

利用者が顕在ニーズとして持っているわけではない、またはあえて説明することが難しいものの一つにウェルビーイングがあります。

２０２２年５月に発表された組織改善サーベイ、〝ラフールサーベイ〟の調査(※27)では、Z世代の回答者の約７割がウェルビーイングを貢献意識や働きがいに繋がるものだと認識しており、転職先選びの条件にしていることが明らかになりました。

国内ではウェルビーイングが茫洋としており、様々な取り組みがなされています。一方で、欧米で会社が用意するウェルビーイングはシンプルです。ズバリ、オフィス環境です。働き方は個人が選びとれる時代になりました。会社側は〝従業員に対して会社の思うような（またはそれ以上の）成果を挙げてほしい〟と考えています。そのために打つ数々の施策を通して〝この会社で働き続けると自身のウェルビーイングが達成され続ける〟と従業員に感じてもらうことがゴールです。他社に務める友

注（※27）　「Z世代のウェルビーイング」に対する意識調査
https://www.lafool.co.jp/z%E4%B8%96%E4%BB%A3%E3%81%AE%E3%82%A6%E3%82%A7%E3%83%AB%E3%83%93%E3%83%BC%E3%82%A4%E3%83%B3%E3%82%B0%E3%81%AB%E5%AF%BE%E3%81%99%E3%82%8B%E6%84%8F%E8%AD%98%E8%AA%BF%E6%9F%BB/

達を作ったり、レクリエーションに参加したりすることは、ウェルビーイングの実現に貢献します。また、ラグジュアリーなオフィスブランドであれば内装の豪華さ、まるで高級レストランやホテルのようなサービスは自己肯定感を高めてくれるでしょう（そういったスペースは〝ブティックコワーキング〟と呼ばれたりしています）。職場にヨガスタジオやジムが併設され、カルチャースクールが開催されているようなスペースもあります。以前からシリコンバレーのスタートアップがオフィスの価値を高め、コミュニケーションを大切にしてきたように、オフィスの価値が高いことは社員のウェルビーイングを支える重要な要素なのです。

アムステルダムのワークスペース、“B”（※28）で開催されたクリスマスイベント

コミュニティの価値を高める重要な要素の一つがイベント、特にビジネスセミナーではない、楽しい要素が前面に出ているレクリエーションです。近年は日本でもレクリエーションが難しくなってきています。かつては飲みニケーションと呼ばれた文化が（その功罪や本当にレクリエーションとしての価値を発揮できていたかは置いておいて）失われ、インフォーマルなコミュニケーションが失われ始めています。無理

注（※28） B オランダ アムステルダム Johan Huizingalaan 763a 1066 VH Amsterdam
https://b-amsterdam.com/en/

な飲みの誘いを禁止する一方で、社員同士のランチ会やコーヒータイムに補助を出すといった取り組みも見られます。こういったインフォーマルなコミュニケーションは欧米の会社にも存在します。ウィーワークは日本上陸当初、ビールが飲めるコワーキングスペースということでも話題になりました。ウィーワークでビールが飲める理由、それは勤務時間の残り少ない時間で〝今日はもうビールでも飲もうか〟と上司が部下を誘うことで発生する短めの飲みニケーションを促すためです。アップル(Apple)ではコーヒーメーカーの列やランチの列ができることで社員同士の雑談が発生することを狙っています。こういったインフォーマルなコミュニケーションは重要でありながら、あえて誘う理由がなかったり、企画コストが高かったりします(自社でビールサーバーを置けるスペースがあって、仕事している同僚の目線に晒されながら飲むビールは美味しくないですよね)。そういったコストをオフィス運営側に丸投げできるのがコワーキングスペースのいいところです。社員数が3人や5人でクリスマスパーティーや花火大会などしてもどうにも小規模で盛り上がりに欠けるでしょう。コワーキングスペースが提供する価値の一つに、社内ではどうしても盛り上がらない、もう一捻り楽しくあってほしい、というニーズを満たすことができます。

⑧ 社員のウェルビーイングが向上した事例

注(※29)【前編】大阪・関西万博を見据え、世界に羽ばたく日本のコワーキングカルチャーを。コワーキングフォーラム関西2022 in 大阪「コワーキング祭会(さいかい)ー会うことから始まる共創ー」https://note.com/kbtc/n/n83a1c4407264

（【前編】大阪・関西万博を見据え、世界に羽ばたく日本のコワーキングカルチャーを。コワーキングフォーラム関西２０２２ in 大阪「コワーキング祭会（さいかい）―会うことから始まる共創―」（※29）より一部抜粋）

フレキシブルオフィスを上手に活用する事例は多くあります。２０２２年に開催されたコワーキングスペースフォーラム in 大阪（主催：関西ビヨンドザコミュニティ（関西Beyond the Community））では〝企業のリモートワーク・コワーキング活用事例〟というお題で、さくらインターネット株式会社の奥畑氏、株式会社リンクアンドモチベーション梅原氏に登壇いただきました。奥畑氏によれば「リモートワークを積極的に推奨しているわけではなく、社員それぞれの任意で働き方を選べるようにした結果、90％を超えるリモートワーク率となった」と話し、「オフィスは〝作業する場〟ではなく〝コミュニケーションスペース〟だと考え、行くのが楽しみになるようにオフィスづくりをしています」と続けました。

また、梅原氏は自社が、株式会社ＭＪＥが提供するシェアオフィス、ビレッジ（※30）に入居したことに触れ「これまでは自分が会いたいと思う人にしか会いに行かなかったし、得られる情報も限られていた。でも、コワーキングを利用するようになってからは、予期せぬ出会いや意図していない情報が入るようになったんです。アイディアを探している事業部長などは使ったほうが良いのではないで

注（※30） billage https://billage.space/

しょうか」とコメントしています。

また、2人が触れたことはコミュニティマネージャーの存在でした。「コミュニティマネージャーが積極的に話しかけてくれて、いろいろな人や機会と繋げてくれる。さまざまな人や情報と出会い、得てきたものを社内に還元できるのなら、コワーキングへの投資は惜しまない」と、両氏ともコワーキングのソフト面を担うコミュニティマネージャーの魅力を協調しました。

このようにコワーキングスペースの利用者側からもコミュニティの重要性が評価されてきています。

おわりに

私はコワーキングスペースを〝コミュニティと経済合理性の交差点〟と考えています。コミュニティに興味を持ったのは2011年、東日本大震災のときのボランティア活動でした。〝コミュニティ形成〟がテーマだったその活動では〝寄り添い〟〝見守り〟を実施していました。大変な困難に遭った被災者の方々の深い悲しみを前に、私にとって荷が重すぎました。つらい気持ちを抱える方々は必死に前を向いており、その必死さは私の前ではうまく繕われているように感じました。未曾有の大災害を前に何の役にも、誰の役にも立てなかった、という感覚が私の中で大きくなっていきました。

それから人と人との関係性に興味を持ち始めました。大学の図書館でなんとなく本を読み始め、学部・修士論文ではボランティアと心理的報酬の関係性をテーマにしました。

当時、ホストクラブで働く機会があり、そのときは他人を孤独にすることの手伝いをしておりました。ホストクラブでお客様に高いお金を支払っていただくためには依存先を絞る必要がありました。女性はお友達づきあいにお金を割くことが多いそうで、お友達をどんどん切っていくことで常識と切り離し、ホストとお客様との依存関係を作るのです。あまり馴染めない感覚でしたがこれも経験、と働いておりました。ある日、「今日はお客様に楽しんでもらえたかなー」と、店を閉めて出たとき、お店で楽しそうにしていた女性が視界の隅で泣いていたのを見ました。「今日はたくさん飲んでくれたから」とホストクラブの先輩にごちそうになったご飯（お酒のボトルが空くとお客様は新しいボトルを注文してくれるので、たくさん早く飲むと褒められる）は美味しくなかったです。そのときに、人と人とは機能が先に来て繋がるのではなく、先に繋がりがあって後から機能が来るものではないかと感じました。お店は支払った金額に応じてお姫様の気分を味合わせるという機能を果たし、繋がりは客とキャストの関係性であったのです。寄り添いもきっと、〝寄り添い〟という機能が先に来るのではなく、友達や家族という関係性があっての〝寄り添い〟なのでしょう。

〝風の電話〟という電話ボックスをご存知でしょうか。岩手県の大槌町にある電話線の繋がっていない電話ボックスです。亡くなった人と繋がれる気がする、ということで未だに多くの人が訪れているそうです。２０１５年のＮＨＫスペシャル「風の電話　残された人々の声」という番組で、ご家族を亡くされた方々が風の電話で会えなくなってしまった人達へ電話をしていました。その時、自分が震災ボランティアで〝寄り添い〟ながら寄り添えていなかった人達が抱えていた本当の辛さを知るのです。

お父さんを亡くした中学生の男の子。電話の先のお父さんに、なぜ死んでしまったのか、なぜ自分だけ周りと違うのか、今どこにいるのかと問いかけていきます。その後のシーン、カメラの前では無邪気な中学生なのです。私が〝寄り添い〟でお付き合いしていたのはカメラの前の方々でした。風の電話ボックスから出てきた彼を迎えることはきっとできなかったでしょう。私は、なんの役にも立たなかった、と思っていたわけですが、役に立てるわけがないとも感じました。背負ってしまった悲しみが大きすぎる。ただそれでも、重く、冷たく、悲しい気持ちを持つ人達の重荷を一瞬でも、１グラムでも軽くして差し上げたいと強く思うようになりました。

様々な論文をひっくり返し、ホストクラブでの現場経験から、所属するコミュニティが少なすぎると人が不安定になることがわかりました。依存先を増やすことで自立ができるのです。しかし社会の大勢は数十年も前から機能を優先し、繋がりを減らす方向にシフトしてきました。人間関係はそれほどまでに、多くの人にとって煩わしかったのでしょう。

ではどうすれば煩わしさがなく、複数のコミュニティに所属してもらえるだろうか。そんな中で出会ったのがコワーキングスペースでした。社会人が家以外で最も長く過ごす場所が職場です。そこにいる利害関係のない人との共同生活を通して、人が複数のコミュニティに自然と所属することができると考えています。愛の反対が無関心であるならば、関心を自然と持つことができる環境を用意すれば良い。それがワークスペースコミュニティです。複数のコミュニティに重層的に所属することが人の重荷を少しだけ、一瞬だけ軽くすることができる、そして他人の気持ちを想像し、思いやれると信じています。もしかしたらその人の世界はコミュニティで救えないのかもしれない。でもその人の世界が救われるとしたら、コミュニティでしか救われないと信じてやまないのです。

私の曾祖母は私に「うんと勉強して偉くなれ。末は博士か大臣か」と言って、大事にしてくれました。振り返って思うのです、曾祖母の生きていた時代の博士や大臣は何万人、何百万人もの人々の生死を左右していました。曾祖母の〝偉い〟とは幸せにした人の数と幸せにした度合いの掛け算をして、その積の大きな仕事をしなさい、ということだったと考えています。

コワーキングスペースで良質なコミュニティを作ることで、私は世界から戦争がなくなると信じています。複数の重層的なコミュニティに所属し、中庸を取れる人達が緩やかな利害関係で結ばれているとき、人は思いやりを持って相互に助け合うことができると信じています。コワーキングスペースは事業としての成功を求めながら、世界平和を実現する可能性を秘めている産業なのです。コワーキングスペースが事業上の成功を収める、コミュニティマネージャーの給料が上がる、良質なコミュニティを作るコワーキングスペースが世界に増える。そうして私は〝世界平和を初めて実現した男ここに眠る〟と私のお墓に書いてほしいと思っています。田舎の出ですから、偉い人は銅像を立ててもらえると相場が決まっています。「ばーちゃん、銅像立ててもらったから見に行こう」なんてことをやりたいわけです。私はコワーキングスペース業界を盛り上げることがそれだけの価値があることだと信じています。

本書がコワーキングスペース業界を盛り上げ、多くの人がコワーキングスペースによって救われ、世界平和に少しでも貢献することを祈っています。世界をより良くしていきましょう。我々がそれぞれ照らす一隅が、世界を明るくしますように。

2024年3月11日

CAP エンタテインメント既刊本のご案内

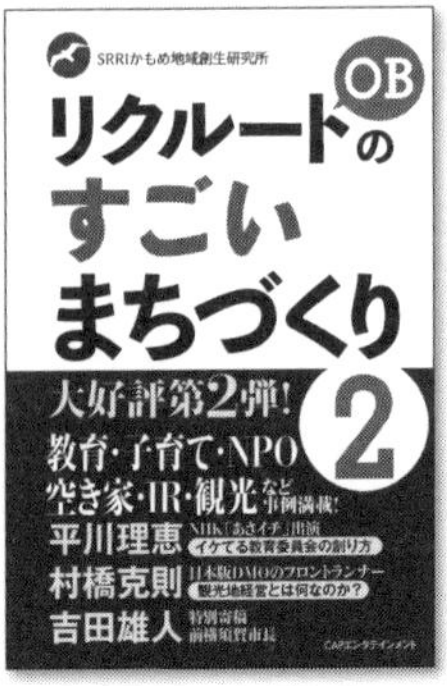

リクルートOBの
すごいまちづくり 2

定価*1500円（税別）
ISBN 978-4-910274-00-3

リクルートOBの
すごいまちづくり

定価*1500円（税別）
ISBN 978-4-907338-07-7

PTAのトリセツ
~保護者と校長の奮闘記~

定価:1000円（税別）
ISBN 978-4-910274-01-0

公務員のための
情報発信戦略

定価*1500円（税別）
ISBN 978-4-910274-04-1

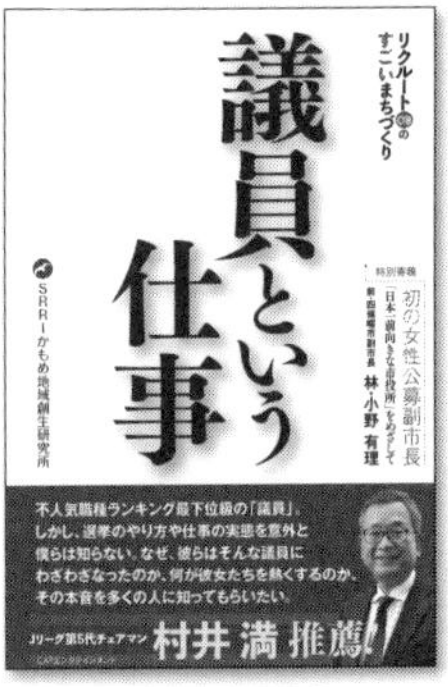

リクルートOBの
すごいまちづくり
議員という仕事

定価*1500円（税別）
IISBN 978-4-910274-06-5

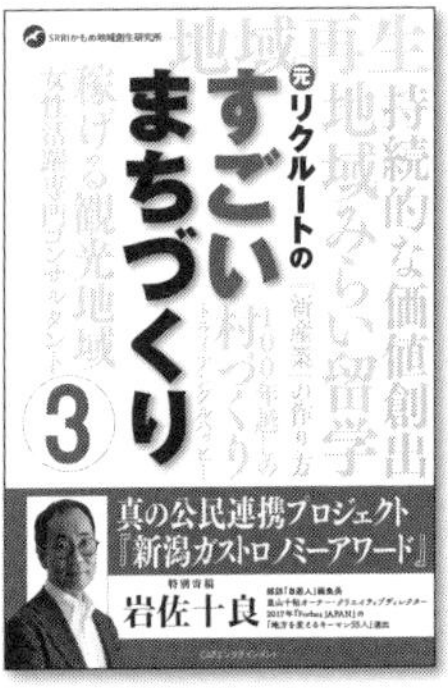

元リクルートの
すごいまちづくり 3

定価*1500円（税別）
IISBN 978-4-910274-08-9

野球観察日記
スタジアムの二階席から

定価＊1700円(税別)
ISBN 978-4-910274-05-8

仕事を楽しむ整える力
～人生を自由に面白くする37の方程式～

定価＊1000円(税別)
ISBN 978-4-910274-02-7

情報オープン・しがらみフリーの新勢力

定価＊1500円(税別)
ISBN 978-4-910274-07-2

女は「おかしい!」を我慢できない

定価＊1800円(税別)
ISBN 978-4-910274-09-6

宮川理論
～ホームランを、全ての人に～

定価＊1300円(税別)
ISBN 978-4-910274-03-4

お問い合わせ　info@kashino.net

青木 雄太（あおき ゆうた）
JCCO代表理事／株式会社funky jump 代表取締役

東北大学大学院農学研究科卒業後、2016年パナソニック株式会社に入社。2018年3月より株式会社ゼロワンブースターに参画。大手企業のオープンイノベーション、スタートアップ支援に取り組む。2019年2月に株式会社funky jumpを創業。国内外300拠点以上のワークスペースを歴訪。コミュニティマネージャーの業務支援ツール“TAISY”の開発や、米国・欧州の手法を取り入れたワークスペースのコミュニティ創出・運用のコンサルティングを行う。また、2023年6月に一般社団法人日本コワーキングスペース&コミュニティマネージャー協会（JCCO）を設立。コミュニティマネージャーの育成から、コワーキングスペース経営におけるコミュニティを活用した不動産価値向上のアドバイスまで、コミュニティに関するあらゆるサポートを行う。

コワーキングスペース
国内外《こくないがい》の成功事例《せいこうじれい》から学《まな》ぶコミュニティ運営《うんえい》の最新手法《さいしんしゅほう》

2024 年 4 月 26 日　初版発行

著　者　青木雄太
編　集　嘉納　泉
発行人　樫野孝人
発行所　CAP エンタテインメント

〒 654−0113 兵庫県神戸市須磨区緑ヶ丘 1−18−21
TEL : 070−8594−0811
https://www.kashino.net/

印 刷・製本／シナノ書籍印刷

落丁・乱丁本は、送料小社負担にて、お取り替え致します。
ISBN 978-4-910274-10-2　　Printed in Japan